向诸葛亮借智慧

赵玉平　著

電子工業出版社
Publishing House of Electronics Industry
北京・BEIJING

图书在版编目(CIP)数据

向诸葛亮借智慧 / 赵玉平著. -- 北京 : 电子工业出版社，2011.1
ISBN 978-7-121-12605-5

Ⅰ. ①向… Ⅱ. ①赵… Ⅲ. ①诸葛亮（181～234）－谋略－通俗读物 Ⅳ. ①K827=362
中国版本图书馆 CIP 数据核字(2010)第 249777 号

向诸葛亮借智慧

作　　者：赵玉平
插　　图：曲利华
策划编辑：李　影 liying@phei.com.cn
责任编辑：李　影
印　　刷：三河市鑫金马印装有限公司
装　　订：三河市鑫金马印装有限公司
出版发行：电子工业出版社
北京市海淀区万寿路 173 信箱　邮编 100036
开　　本：720×1000　1/16　印张：14.25　字数：168 千字
版　　次：2011 年 1 月第 1 版
印　　次：2024 年 11 月第 28 次印刷
定　　价：56.00 元

凡所购买电子工业出版社图书有缺损问题，请向购买书店调换。若书店售缺，请与本社发行部联系，联系及邮购电话：（010）88254888。

质量投诉请发邮件至 zlts@phei.com.cn，盗版侵权举报请发邮件至 dbqq@phei.com.cn。

服务热线：（010）88258888。

代序

味道的感觉（代序）

在《百家讲坛》讲诸葛亮，是我没有想到的。因为一开始，是准备讲《水浒》的。我一直觉得水浒的发挥空间比三国要大，自从2004年我写完《梁山政治》一书后，一直在讲《看水浒，说管理》的课程，对很多内容都是轻车熟路。

讲诸葛亮属于重打锣鼓另开张。说实话，我对这么短时间内做出高质量的东西并没有太大的把握。

最难的是选角度。因为诸葛亮的故事妇孺皆知，而且又有很多专家高人从各种角度分析过。我如果只是简单地讲故事，或是重复别人已经讲过的东西，那就是拾人牙慧，浪费观众和读者的时间，毫无意义。所以我给自己的要求是必须要创新、求新，要推陈出新。

感谢《百家讲坛》各位编导老师的信任，把这么艰巨的任务交给我。

我从接到这个主题的那一天起，就给自己立了一个规矩，必须要给老材料选新的分析角度，跳出“就着故事讲故事，对着人物讲人物”的俗套。

幸好，我自己在学校是讲管理学课程的，有一些案例准备，有一些社会心理学和组织行为学的理论底子。各位读者可以看到，书中整个内容都采取了多角度和多元化叙述的方法，一边说故事、说人物，一边进行多角度分析。例如，从管理学的角度谈“挥泪斩马谡”，引出温柔手段做冷酷事情的管理规律；从组织行为角度讲“庞统上任”，引出分槽喂马、放水养鱼的行为策略；使用发展心理学和人格心理学的观点，分析孔明童年父母双亡的经历对他的性格以及他的领导风格形成的重大影响；用生活化的角度分析历史事件，如在分析“三顾茅庐”的时候，结合当前的企业招聘行为，解释“高调出场，低调说话”、“主观上很愿意，客观上不容易”的策略，等等。

其实，对诸葛亮一直存在负面评价。比如魏延冤案、李严冤案，比如有人认为六出祁山是穷兵黩武，有人指责他大权独揽，一手遮天，用人失察，街亭惨败，等等。其实，一个凡人犯错误很正常，人非圣贤，孰能无过嘛。不过诸葛亮在老百姓心中不是凡人，他是神，是人们心目中的完美偶像。这种地位是无法撼动的。因此对于存在争议的问题，我尽量真实客观地叙述历史，减少个人情感色彩，尊重大众的审美情趣和接受心理。对待有争议的问题尽量冷处理。

除此之外，把故事讲好也是非常难的，一定要有人物，有细节，还要有到位的分析。我采用了场景还原的方法，每一讲都还原一到两个场景。有吸引力的故事，加上生动活泼的语言，再加上妙趣横生的分析，才能组成一个真正完整的叙述。所以，讲述如同一株植物，思想是“根”，故事是“干”，语言是“花”。没有思想是死水一潭，没有故事是乱麻一团，没有语言是死面一块！这叫做：无根不活，无干不立，无花不美。

我特别想做一个有味道的东西给大家。

写文章就如同烹调，同样的食材，方法对了，味道就美妙，方法错了，味道就不堪，而且即使是一样的方法，不同的人做出来的也是不同的味道。味道味道，味亦有道，此事关乎修持，关乎文章，关乎人生，不可不认真。

我不是文章圣手，对于写文章的事情，非常没有把握。但是，关于吃，我还是挺有把握的。基本原则有五：

一是戒目食。所谓目食，就是品多量大，眼前摆得满满的，看得饱满，吃得有限。其害一是浪费，二是乱神。口未食而害已生，此为食家大忌。吃东西如写文章，务必简洁清爽，按量奉上，主次分明，意未尽而箸已停。贪多过量、贪大求全是大忌。

二是以常养。家常菜最是养人。山珍海味、奇材妙品，皆非长久之计，不可多食，不可久食，久则生病。如同写文章，不必说得玄妙高深，但凡能从眼前的事情出发，使用平常话语，讲得妙趣横生，那才是高境界。

三是留余味。人之相交，难在适可而止。一夕欢宴，倾心交谈，能及时收场留些余味最为重要。食物也如此，珍馐美馔、妙味菜品，取用也需适可而止，留些想头在心里。写文章也是如此，须得控制篇幅，控制语言，适可而止，留有余味。

四是尽一品。不求品多量大，但求发挥食材本性，烹调得法，在一品之中证得味之正道。此理仿佛读书，必尽心于一本，寻章摘句，细品慢嚼，有一醉一陶然的快乐。若十几本几十本，杂然陈设，每部必读，每本必讲，则难免顾此失彼，疲于应付，毫无趣味可言。

五是调浓淡。浓是情，淡是趣。浓味补消耗，淡味养日常。荤菜以浓为本，素馔以淡为本，荤素搭配，以素淡打底，浓香点缀，此为妙道。浓淡不调时，可以粥、汤、茶饮调之。写文章讲故事也是一样，需要雅俗共赏，情趣搭配，有高雅，有通俗，有幽默热情、热血沸腾，也有理性冷静、冷眼旁观，再佐以百姓生活、身边小事，间或嬉笑怒骂、歪打正着，这篇文章的滋味也就饱满了。真正的味道是调和之美。

以上思路，我都一一运用到了《向诸葛亮借智慧》的准备当中，虽然有的地方用得比较生硬，但是在整体上自己还是满意的。

朋友跟我说："老赵，你整的有点过了，不怕有人说你卖弄文字，说你故弄玄虚吗？"

这个，一开始还真担心，而且还有其他好多各种各样的担心。面对全国的读者和观众，怎么能不心存敬畏呢？不过现在这些想法都已经放下了。那些曾经的患得患失、前怕狼后怕虎，还有那些什么热血沸腾、什么心驰神往、什么按捺不住、什么激动不已，都已经放下了。

我觉得，做事情有一颗平常心最重要，一定要把注意力集中在事情本身上，只要尽心尽力不留懊悔就好。至于有多少名，多少利，多少人理解，多少人不理解，有谁喜欢，谁不喜欢，这些东西，当时要放下，过后更不必一直扛在肩上。

正所谓：潮起潮落无非水，花开花谢总是缘。

最后，再一次感谢各位读者和观众的宽容接纳，感谢《百家讲坛》各位老师的指导和支持。

写完诸葛亮，真的感觉自己在人生的道路上又扎扎实实地成长了。

在这里，向孔明先生致敬！

赵玉平

2010 年 12 月 26 日　于北京

目录

第一讲

脱颖而出有妙招

东汉建安十二年，也就是公元 207 年 12 月，正是隆冬时节，天上下着鹅毛大雪，山河大地一片洁白。从荆州新野县的官道上顶风冒雪驰来几匹战马，只见为首一人，四十多岁年纪，身高七尺五寸，长手大耳，容貌威严，虽然头上身上已经落满雪片，但是丝毫没有停歇落脚的意思，反而不断催促后边的人加快速度。这个人是谁呢？他就是赫赫有名的三国英雄刘备刘玄德。那么，这么大的雪，刘备不在温暖舒适的府衙里呆着，跑到这荒郊野外来做什么呢？

他这是去拜访一位高人，这位高人就是大名鼎鼎的诸葛亮。据史书记载，在这个冬天，刘备前后跑了三趟才得以见到诸葛亮。历史，就因为这三次拜访被改写了。

《三国演义》中记载，一顾茅庐时，刘备没有见到诸葛亮，"玄德惆怅不已。"二顾茅庐时，见到的是诸葛亮的弟弟诸葛均，刘备说："直如此缘分浅薄，两番不遇大贤！"并给诸葛亮留言："备久慕高名，两次晋谒，不遇空回，惆怅何似！……仰望先生仁慈忠义，慨然展吕望之大才，施子房之鸿略，天下幸甚！社稷幸甚！”及至三顾茅庐终于见到诸葛亮，听到诸葛亮对天下形势的分析后，刘备邀诸葛亮出山，被诸葛亮推辞，“玄德泣曰：‘先生不出，如苍生何！’言毕，泪沾袍袖，衣襟尽湿。”诸葛亮最终被刘备诚意打动，终于答应出山。

刘备寻访诸葛亮，用今天的眼光看，其实相当于领导主动上门招聘。各位想想看，今天我们找工作，就算西装领带、描眉画眼主动上门，也未必被人家相中。可是你看看人家诸葛亮，领导顶风冒雪主动登门来请，居然可以闭门不见，而且越不见领导还就越上瘾，一次不够还来了第二回第三回。那么，诸葛亮究竟使用了什么样的策略，造就出这样大的吸引力呢？这个问题值得我们好好研究研究。

我身边有个朋友，咨询顾问出身，有能力有口才，后来有猎头公司找到他，介绍他到一个大公司就职。本来他对自己满怀信心，可面试之后，灰溜溜就回来了，又是摇头又是叹气。我问他为什么，他说去了才发现能人太多了，你觉得自己不错，比你不错的人有的是，别说展示才华，连个基本印象都留不下。各位可以看到，在我们这个时代，长本事不难，难的是长了本事以后，如何让别人看到你的本事，并且一定要给对方留下鲜明的印象，只有这样才能脱颖而出。要做到这一点就一定离不开“包装”二字，所以，成功的基本公式是：成功=能力+态度+机遇+包装展示，四个因素缺一不可。

管理智慧箴言

成功=能力+态度+机遇+包装展示

诸葛亮遇到的正是这个问题。要说当年的荆州，可是个人才济济的地方，中原大乱的时候，因为荆州地面比较太平，很多高人都避乱到了这里，再加上本地人才，那可真是群星荟萃。要想在这么众多的人才当中脱颖而出，确实是非常难的。不过，诸葛亮做到了。

今天，我们探讨诸葛亮的智慧，首先想探讨的就是孔明先生这种自我展示的智慧。做一个好人不难，但是让别人相信你是好人，那就比较难了。要展示就离不开包装。你看，找工作，简历需要包装；搞企业，产品需要包装；谈恋爱，帅哥美女需要包装；竞选拉票，连美国总统都离不开包装。正所谓“人配衣帽马配鞍，包装到位就领先！”

那么，我们就来看看，这位智慧化身诸葛亮先生他是怎么包装自己的呢？

其实，诸葛亮真的不算是那种起点很高的人，《三国志》记载，诸葛亮是山东临沂人，自幼父母双亡，十七岁的时候来到荆州，一个人带着弟弟和两个姐姐艰难度日。

就像他在《出师表》中写的，真的是“躬耕于南阳，苟全性命于乱世。”知识分子扛锄头种地，估计一开始，连土豆结在树上还是地上，黄瓜花和茄子花有什么不同这类问题都没整明白。那真的是举目无亲，无依无靠，而且连个像样的房子——什么商品房廉租房经济适用房，什么房都没有，只能搭一个草庐，用现在话说，就是在城乡结合部搞个违章建筑临时安身。这个时候的诸葛亮可没有电视上那么潇洒，他就像今天北京城里刚毕业住在远郊的大学生一样，遇到了养家糊口和找工作的双重困难。

诸葛亮（公元 181—234 年），字孔明，号卧龙（也作伏龙），汉族，琅琊阳都（今山东临沂市沂南县）人，蜀汉丞相，三国时期杰出的政治家、战略家、发明家、军事家。公元 234 年，因积劳成疾，病逝于五丈原，葬于定军山（今陕西勉县东南）。

为了尽快摆脱被动的局面，找到出路，诸葛亮采取了若干措施，终于在二十七岁时经过著名的“三顾茅庐”，登堂入室，成为刘备集团的核心领导。那么，诸葛亮到底是如何围绕“三顾茅庐”来包装自己的呢？总结起来，有四条比较典型的经验。

第一条经验
借助口碑，迅速冒尖

人才众多，竞争激烈，起点又低。怎么冒尖？很多人面临这个情况都会不知所措，能想到的无非就是多参加招聘会，多投简历，削尖脑袋争取面试，也就这些呗。但人家诸葛亮可不这么做，人家安安稳稳地坐在家里就把事情都办了。

他办的第一件事情是利用口碑包装自己。这里边，有三个人起了关键作用。这三个人是谁呢？第一个叫徐庶徐元直，就是歇后语“徐庶进曹营——一言不发”的那个徐庶。

《三国志》上记载，徐庶对诸葛亮的职业生涯产生了重大影响。关于徐庶，《三国志》裴注引《魏略》记载：“庶先名福，本单家子，少好任侠击剑。中平末，尝为人报雠，白垩突面，被发而走，为吏所得，问其姓字，闭口不言。吏乃於车上立柱维磔之，击鼓以令於市鄽，莫敢识者，而其党伍共篡解之，得脱。於是感激，弃其刀戟，更疏巾单衣，折节学问。始诣精舍，诸生闻其前作贼，不肯与共止。福乃卑躬早起，常独扫除，动静先意，听习经业，义理精熟。遂与同郡石韬相亲爱。初平中，中州兵起，乃与韬南客荆州，到，又与诸葛亮特相善。”

徐庶，字元直，颍川（今河南禹州）人。汉末三国时期人物，本名福，后因为友杀人而逃难，改名徐庶，自此遍访名师，与司马徽、诸葛亮等人为友。先曾仕官于新野的刘备，后因曹操囚禁其母而不得不弃备投操，临行前向刘备推荐诸葛亮之才。此后徐庶仕魏，官至右中郎将、御史中丞。

徐庶可是个狠角色，少年的时候喜欢击剑，武艺高强而且为人仗义，曾经替别人报仇亲手杀了人，被官府抓到了，遭受严刑拷打，差一点丢了性命。后来被同党救出，从此以后弃武从文，努力学习。中原大乱的时候，徐庶到了荆州。诸葛亮到荆州以后，和徐庶成了好朋友。徐庶文武全才，经历过苦难的考验，性格坚毅，属于敢想敢干的突破型人才。诸葛亮选择徐庶发展友谊，说明他有独到的眼光。后来徐庶到新野县来投奔刘备，他很认真地向刘备推荐了诸葛亮。

刘备是很器重徐庶的，他问徐庶诸葛亮这人如何。徐庶说，胜过自己百倍。以前，刘备听到的都是诸葛亮的虚名，现在亲眼见到了诸葛亮的朋友徐庶，活生生地就在眼前，才能卓越，而且徐庶自己说诸葛亮比他水平高很多！于是刘备对诸葛亮的倾慕指数一下子有了大幅度提高，并且下定决心一定要请诸葛亮出山。

认识一个人之前，先了解他的朋友。这个叫什么呢？这个叫做“观人观交”。什么叫“观人观交”呢？就是想要知道一个人是什么样子，可以先去观察他的朋友，平时和他交往密切的人是什么样，这个人就是什么样。正所谓，物以类聚，人以群分。和百灵鸟在一起，他一定会唱；和千里马在一起，他一定会跑。诸葛亮等自己的好朋友都和刘备认识之后，自己再出场，要的就是这种提升。

这种方法，今天我们如何借鉴呢？一方面，当我们需要了解一个人的时候，十分有效的一个途径就是看看他身边的朋友都是什么样的人；另一方面，当我们需要展示自己的时候，其实不用自卖自夸，只要把我们身边一两位优秀的朋友展示给别人也就够了。这叫做呈现身边人，可以展现自己；观察身边人，可以了解他人。一个有才华的人，应该学会使用这种间接手段，达到直接展示自己的目的，这是智慧！

除了有徐庶的口碑介绍之外，还有另外两个重要人士的口碑介绍对刘备选择诸葛亮起了关键作用。这两个人是谁呢？我们来看看。

《资治通鉴》上记载，为了寻访人才，刘备专程拜访荆州著名的人力资源专家司马徽，司马徽说：“儒生俗士，岂识时务，识时务者在乎俊杰。此间自有伏龙、凤雏。”刘备立刻被这两个绰号给吸引了，一龙一凤，都是俊杰，这可太好了。他就问司马徽这两个人是谁，司马徽说伏龙是诸葛亮，凤雏就是庞统。这是诸葛亮第一次进入刘备的视野，而且是高调进入，由著名的人力资源专家推荐。现在求职找工作过程中我们也发现，专家推荐是成功率非常高的一个途径。那么我们不禁要问，诸葛亮一个外来青年，他怎么就这么受专家的认可呢？

《三国演义》中二顾茅庐的一个情节让我们看到了端倪。我们开头提到了，天寒地冻隆冬时节，刘备冒着大雪来访诸葛亮，但是诸葛亮既没有感激涕零也没有热情出迎，反而是避而不见。刘备扑空了，他只好离开，就在出门上马正要走的时候，一位重要的人物出场了。

《三国演义》把这一小段写得很优美：“见小桥之西，一人头戴暖帽，身穿狐裘，骑着一驴，后随一青衣小童，带着一葫芦酒，踏雪而来，口中还吟着诗，一夜北风寒，万里彤云厚。骑驴过小桥，独叹梅花瘦！”这个意境真的是“雪后天晴朗，梅花处处香，骑驴把桥过，铃儿响叮当”。

刘备上前见礼互通名姓，您猜这位来者是谁？他就是诸葛亮的岳父老泰山黄承彦。俗话说的好，一个女婿半个儿，这位黄老爷子为了姑爷工作的事情这回也亲自出面了。

关于诸葛亮的婚姻，这里我们要说上几句。《襄阳记》中记载，黄承彦是荆州知名人士，影响力很大，活动能量也很大，他对诸葛亮说：“听说你要选妻子，我有个女儿长相一般，但是才华和你很相配。”于是诸葛亮欣然答应，就娶了黄小姐为妻。乡里的人都以此为笑话，而且还编了顺口溜说“莫作孔明择妇，正得阿承丑女”，这个汉代顺口溜什么意思呢？翻译成现代汉语就是——诸葛亮搞对象，选个老婆不像样。

那么黄小姐真的很丑吗？其实不然。人都说“养儿随叔，养女随姑”，我们来看看黄小姐的父系和母系的长相，黄老教授本人很有风度，黄小姐的小姨还是荆州有名的美女。所以从遗传因素上看，相貌应该不错的，也就是说黄小姐四肢五官的数量以及位置都没有问题。关于黄小姐的确切长相，《襄阳记》中也只简单提到“黄头黑色”四个字，看看，挑不出五官，就挑皮肤和头发了。什么叫黄头黑色？就是头发发黄，皮肤有点黑，用现代眼光看，黄小姐就是一个眉眼端庄，健康肤色，头发染黄的时尚女生。你看，我们周围有很多这样的女生，挺好看的嘛！

不过在东汉末年，可能这个长相是不符合当时人们的审美标准的。从这一点上也可以看出，诸葛亮不是一个随波逐流的人，他做事情有自己的标准和原则。凡是大材往往在某些方面都有反潮流的倾向。

诸葛亮这次婚姻除了给他带来一个贤惠的妻子之外，还给他带来了两个意想不到的惊喜，对他日后的事业产生了重要影响。这两个惊喜都是诸葛亮的老丈母娘给他带来的。哪两个惊喜呢？我们来看一看!

诸葛亮的丈母娘姓蔡，蔡夫人出身在荆州很有权势的蔡姓家族，荆州大将蔡瑁就是蔡家的儿子。当初，荆州行政长官刘表到襄阳来上任的时候，属于单枪匹马，人单势孤。全靠这位蔡瑁联合地方豪强全力支持，刘表才坐稳了宝座。因此，刘表把军队都交给蔡瑁掌握。东汉年间是一个很讲究门第出身的年代，出身大家族的人才有更多的机会得到升迁提拔，豪门望族之间都保持通婚的传统，讲究门当户对。蔡家和黄家都是豪门望族，所以蔡小姐就嫁给了黄承彦变成了蔡夫人，生下了诸葛亮的妻子黄小姐。

这样一来，山东青年诸葛亮就顺理成章整合了蔡家和黄家两大家族的资源。另外，还有一个更重要的情况是，前边说了，黄小姐的小姨，也就是诸葛亮岳母的妹妹可是个大美女。这位美女蔡小姐被荆州长官刘表相中了，嫁给了刘表。这样一来不要紧，诸葛亮结了一次婚，和地方长官刘表还攀上亲戚了，刘表变成了诸葛亮的二姨夫。这个亲戚关系不远呐。和黄家、蔡家以及刘表的特殊关系，给诸葛亮立足荆州、获得认可、扩大影响带来了很多方便的条件。

诸葛亮有了这样的平台，接触的人多了，展示的机会也多了，随着时间的推移，就逐渐成为各方面一致认可的人才精英。这就是诸葛亮受到专家认可的奥秘所在。

各位，现在孔明先生的口碑是有了，但是光有口碑还不够，一个人才要脱颖而出需要三个必备条件，第一，有人说你行；第二，说你行的人得行；第三，你自己得真行！如何让别人知道自己真的很行呢？诸葛亮使用了更高明的办法。这个办法是什么呢？就是制造差异、吸引眼球。

第二条经验
制造差异，吸引眼球

《三国演义》第三十七回“司马徽再荐名士 刘玄德三顾草庐”中有这样一段描写，司马徽来见刘备，他对刘备这样描述诸葛亮，说：同学们非常用功地钻研问题，唯独诸葛亮看看大略，把握一下总体就行了。在别人学习的时候，我们这位孔明先生抱着膝盖放声长啸，对着面前几个人说：“你们各位都可以做到刺史、郡守（相当于省长、市委书记）。”大家问孔明你的志向是什么呢？孔明笑而不答。

这个段子可不是《三国演义》的杜撰。众所周知，《三国演义》是小说，不过，这个小说和我们所理解的那种生编硬造、天马行空的小说是不一样的，把《三国志》和《三国演义》进行对比我们就会发现，《三国演义》有着真实的历史事件、准确的人物关系，甚至很多人物的对话都符合历史原貌，可以说，写《三国演义》的罗贯中首先是一个历史学家，其次才是一个文学家。

从前边这个例子中，我们可以看到两点，一是诸葛亮很强调学习的差异化，用与众不同的方法学习与众不同的内容，这让他在同学中间显得很特立独行；二是他把自己的职业定位定得更高，不满足于做刺史郡守。这样的目标是一般人想也不敢想的。

独特的方法、远大的目标让诸葛亮在同学中显得很突出。而且，他还更加大胆地对自己做了一下概念包装，自取道号叫卧龙，住的地方叫卧龙岗。大家注意龙在中国是尊贵的象征，代表着高高在上，绝对权威。诸葛亮大胆地把自己比作龙，强调了自己荆州第一名士的地位，让人印象深刻。

同时，他又把自己比作管仲乐毅，这两位可是赫赫有名的历史名人：管仲辅佐齐桓公九合诸侯，一匡天下；乐毅领导弱小的燕国大败强大的齐国，接连攻下 72 座连城，两个人都是辅佐国君成就霸业的栋梁。一般人是想也不敢想的，年纪轻轻、二十多岁的诸葛亮居然敢说，这两个人有什么，我和他们一样。

说到这里，我们就看到，诸葛亮的策略就是怎么大怎么说、怎么高怎么说，这一策略叫高举高打。一般人会觉得这样做不是过于狂妄，显得不谦虚了吗？为什么诸葛亮敢用呢？因为他有三个有利条件：第一，确实水平高有才能；第二，有前边提到的那些专家支持和同学认可；第三，在荆州的人脉平台也已经基本建立了。所以，他才敢采取高举高打的方式宣传自己。做人就是这样，懂得保持低调是品格，懂得运用高调是智慧。

管理智慧箴言

懂得保持低调是品格，懂得运用高调是智慧。

诸葛亮下定了决心，一定要做荆州首席人才，排名第一的专家。后来，他的策略真的见效了，在司马徽、黄承彦、徐元直等人的传播下，人们逐渐接受和认可了“伏龙凤雏”两大人才，而且诸葛亮如愿以偿排在第一的位置。

排第一到底有什么好处呢？这个在心理学中有研究了，第一名能获得95%的人关注，第二名只能获得3%的关注，第三名得到的关注也就1%，第四名以后就几乎没有人关注了。要想脱颖而出就必须做第一。举个例子，世界第一高山峰是哪个山峰，大家都知道，珠穆朗玛峰嘛！但是，再问你世界第二高山峰是哪个，你知道吗？这个知道的人就很少了，有人说那我也知道，那我再问你，世界第三高山峰是哪个，这个就更少有人知道了。第三名会被全世界忘记的，不管你有多高。

再举个例子，比如我们开奥运会，请问中国第一个奥运冠军是谁？这个很多人都知道，1984年洛杉矶奥运会的射击冠军许海峰，零的突破。这个你知道是吧，不过别着急，那我来问你，中国第二个奥运冠军是谁，哪位知道？这个大多数人都不知道了，我们只好去查资料。这位先生冤呐，一样是为国争光，一样的竞争激烈，一样的艰苦训练，特别是比赛日程也不是他能决定的，但是没办法，谁让你赶上了呢？只有第一名才能被所有的人记住！

所以，要想获得足够的关注，必须要争取做第一，有条件要做第一，没有条件创造条件也要做第一。这就是诸葛亮当年包装自己时坚持的基本原则。

有了口碑了，也吸引眼球了，诸葛亮接着给刘备准备了一出大戏。什么大戏呢？请看第三条经验——

第三条经验 欲擒故纵，激发需求

说到这里，想先谈另外一个问题，就是对三国故事的理解问题。各位读者，其实，三国故事里边有两个诸葛亮。为什么是两个呢？一个是诸葛亮的真身，也就是《三国志》等史书里边的诸葛亮，他是客观的真实，体现了历史的本来面目；另一个是诸葛亮的化身，就是《三国演义》小说塑造的诸葛亮，他包含了很多演义的成分，但是恰恰是这些成分，浓缩着千百年来我们民族的经典智慧。今天，我们看三国解读诸葛亮，不光要看历史考证人物，更要解读这些智慧。

从这个角度说，诸葛亮三个字，已经不仅仅代表一个人，这三个字里边有我们民族的心灵史，是我们民族智慧的化身。所以，讲诸葛亮，不讲真身就没有根，不提化身就没有魂。一定要把两者结合起来才有味道。

“三顾茅庐”这个故事本身就是真身智慧和化身智慧相结合的一个故事。首先“三顾茅庐”这个故事的发生，有一个重要的前提，就是领导者刘备的心理状态。诸葛亮是掌握了刘备的心理状态以后才出手的。那么，刘备当时是什么心态呢？一个叫做急，一个叫做疑。

三顾茅庐之前的刘备，事业正处于低谷。自出道以来，他先是依附公孙瓒，然后投奔过曹操、投奔过吕布、投奔过袁绍，可以说刘备是三国里跳槽最频繁的“干部”，但是虽然辗转了这么多“公司”，刘备依然没有找到自己的合适位置。人往往是自己看不到自己的，一个人要看到自己的脸，他就需要一面镜子；一个人要看到自己的心，他就需要另外一个人。

刘备（公元 161－223 年），蜀汉昭烈帝，字玄德，涿郡涿县(今河北涿州)人，据说是汉中山靖王刘胜的后代，三国时期蜀汉开国皇帝，政治家，公元 221－223 年在位。史家又称他为先主。

刘备身边没有一个可以帮他反思过去和规划未来的人，最后刘备在北方实在无法立足，只能向南投奔荆州刘表。在这里他深深体味到了寄人篱下的滋味，只能带着两个兄弟关羽、张飞临时驻扎在新野小县。而在此时，环顾中华大地，群雄四起的局面已经过去，局势逐渐明朗起来，江东的孙权已经拥有六郡八十一州的地盘称霸一方，曹操横扫中原，消灭了强敌袁绍，势力一直发展到辽东半岛。这二位，一个南据闽粤，饮马长江；一个东临碣石，以观沧海。看看人家个个事业红红火火，再瞧瞧自己，四十多岁了连个立足之地都没有，你说刘备能不着急吗？

但在急的同时，刘备心里又没底。荆州确实有人才，你诸葛亮确实名声大，但是你这个人才能力到底有多大，是不是像传说中的那么高，在自己的队伍中能不能发挥应有的作用，刘备心里一点底都没有。

对于又急又疑的领导，使用欲擒故纵的策略是最恰当不过的了。现在，让我们回到“三顾茅庐”的现场，看看都发生了哪些有趣的事情。罗贯中写《三国演义》是充满智慧的，在坚持历史基本史实的同时，给空白处补充了很多生动的细节，这些细节包含着丰富的思想，特别耐人寻味。刘备第一次拜访是在一个晴朗的日子，很顺利地就找到了诸葛亮的住处。《三国演义》写“一顾”的时候，作者就写到了两个细节。

第一个细节——次日，玄德同关羽、张飞并从人等来隆中。遥望山畔数人，荷锄耕于田间，而作歌曰：“苍天如圆盖，陆地似棋局；世人黑白分，往来争荣辱；荣者自安安，辱者定碌碌。南阳有隐者，高眠卧不足！”玄德闻歌，勒马唤农夫问曰：“此歌何人所作？”答曰：“乃卧龙先生所作也。”就是说刘备和关羽、张飞来到隆中。远远看到山下有好几个农夫在田里干活，而且一边干活一边还唱着一首境界很高的歌。

刘备问农夫歌曲是谁做的，农夫说是卧龙先生诸葛亮写的。刘备就问诸葛亮家住哪里，农夫给刘备指点了准确的地址，于是刘备非常顺利就找到了诸葛亮的家。

说到这里，我们不禁要问一个问题，农夫唱的这个歌曲是哪里学来的？他肯定不能跟着音乐电视学来或者从网络下载来的。他一定要有一个音乐老师，这个老师就是诸葛亮。

诸葛亮给村里农夫上音乐课！这个事情本身就很有趣，他为什么会这样做呢？原因应该只有一个，就是借农夫之口宣传自己。大家都知道，人不可能自己宣传自己，那叫“王婆卖瓜，自卖自夸”，必须要通过别人宣传自己，这叫做通过他人展示自己。可见诸葛亮说是隐居隆中，其实他的传播工作一直都没有停顿过。有大志向的人，无论何时何地都要做好传播工作，而且要从身边做起，从眼前人做起。酒香还怕巷子深，一个人的成功离不开展示和传播。所以，我们的观点是：卖冰啤酒，卖的是诱人的泡沫；卖煎牛排，卖的是火爆的滋滋声。只有善于传播的人，才有机会成功。

管理智慧箴言

卖冰啤酒，卖的是诱人的泡沫；卖煎牛排，卖的是火爆的滋滋声。只有善于传播的人，才有机会成功。

第二个细节——刘备来到庄前，下马亲自叩门，里边出来一个童子。刘备上前报名说：“大汉左将军、宜城亭侯、领豫州牧、皇叔刘备，特来拜见先生。”

大家看看，这么多头衔，一般人见了，即便不是肃然起敬，肯定也要畏惧三分。刘备自报头衔，自然也含着亮出身份镇一镇对方的目的，但是人家诸葛亮家的童子居然没有任何反应，而且自始至终都挡在门口，根本就没让刘备进门。那么我们想一想，诸葛亮是真的不在家呢？还是在家里却不肯见面呢？我觉得，应该是后一种的可能性大一些。因为按照一般的礼仪，人家客人远道而来，让进去歇歇脚、喝杯水总是应该的，况且对方身份还是左将军大汉皇叔。小童挡着不让进去，这本身就很说明问题。

那么，诸葛亮为什么会躲着刘备？他不是自比管仲乐毅吗？管仲乐毅都是遇到了明主，才得以大展宏图。现在好领导就在眼前，上门招聘，为什么诸葛亮就不见呢？

孔明先生回避的原因大概有两个：一是你刘备来请我出山，是真心还是假意，就算是真心，这份真心到底能保持多久，这个需要考验一下。

二是我这么大才华之人，不能让你轻易就得到了，否则你不知道珍惜。为了让你足够珍惜，我就要给你来点周折。这是一个心理学规律，一般来说，一件东西费周折越多，得到的时候就越觉得珍贵；一顿好饭盼得越久，吃的时候就越觉得香甜。

人也是这样，你来得太容易，他就不会珍惜；你搞得太顺利，他反而会怀疑。

对方提了要求，即使自己心里愿意，也要找点客观原因拖上一拖，这叫做“主观上很愿意，客观上不容易”。

就好比男的向女的求婚，说你嫁给我吧，女生心里很愿意，但嘴上却说：“我愿意，但是这么大的事儿，要和我妈商量商量，她同意才行。”过几天男生又来问，女生说：“我妈出差了，再等等吧。”这样反复了三回，出差的终于回来了，女生说：“告诉你一个好消息，我妈妈终于同意了!!”于是，一段幸福甜蜜的故事就开始了。

相反，如果男的说你嫁给我吧，好吗？女的马上说：“行行行！哎呀，你怎么不早说呀？咱们什么时候办？我现在就跟你走。”各位想想，男的呢，肯定会说：“呵呵，我逗你玩呢！”他会打退堂鼓的！

所以诸葛亮的原则就是，即使我愿意，也要费点周折。我给你打工这件事，主观上我很愿意，客观上相当不容易。

第四条经验
高调出场，低调说话

各位，刘备先是受了口碑的轰炸、眼球的吸引，接着在又急又疑的情况下，一顾茅庐没见到人，二顾茅庐又没见到人，他的胃口已经被高高地吊了起来。三顾茅庐的时候，诸葛亮终于露面了。各位想想，看着诸葛亮，刘备心里是什么感觉？一个词——兴奋呐，面对诸葛亮，刘备眼前全是光圈儿，一圈一圈都套在诸葛亮身上，那感觉就一条——诸葛亮太亮了！

在这样的情况下，您说诸葛亮该怎么做？有人说，既然等的就是这一天，当然要立刻通电，尽显锋芒，把自己平生所学全都给刘备展示一下。这样做可以吗？也可以，但是境界不够高。人家诸葛亮使用了更高明的技巧，叫做“高调出场，低调说话”。那么什么叫“高调出场，低调说话”呢？我们来看看。

话说刘关张三人来到庄前叩门，童子开门。刘玄德说：“有劳仙童转报，刘备专来拜见先生。”童子曰：“今日先生虽在家，但今在草堂上昼寝未醒。”

刘备态度很好，吩咐关羽、张飞二人在门首等着，自己徐步而入，看到诸葛亮睡在草堂之上，刘备就规规矩矩地站在阶下。站了半晌，诸葛亮还是不醒。关羽、张飞耐不住性子，张飞非闹着要去屋后放一把火，被关羽劝住。刘备把二人推出门外继续等候。就这么折腾吵闹，我们的孔明先生居然还是没有醒。各位不要忘记，以张飞的大嗓门，当阳桥头一声吼，可是喝断桥梁水倒流的。就这么大分贝的噪音，难道孔明先生真的听不到吗？还是听到了装听不到，我估计是后者。这样，又过了一个时辰，也就是两个小时以后，诸葛亮才睡醒。各位，刘备就这样足足在下边站了三个小时啊，都快站出静脉曲张了。

诸葛亮之所以要如此怠慢刘备，其实还是想测试刘备的诚心。以刘备丰富的人际经验，估计这一点也是心知肚明的。今天我们这些普通人都能想到的事情，纵横天下、素有知人智慧的刘备怎么能不知道呢？也就是张飞看不出来。诸葛亮越是怠慢，越是测试，刘备就越相信此人有才华。这就是高调出场，我自己放在高姿态的位置上，留给对方一个低姿态的位置。

其实诸葛亮此举，也是在成全刘备。你刘备不是渴望人才吗？现在有个小有名气的隐士，你就可以如此不辞辛苦，真心对待，这件事情传播出去，那肯定天下人都知道你爱才，再往后，一定会吸引更多的人才主动前来。这叫做珍爱一匹马，吸引一群马。“三顾茅庐”应该说是刘备和诸葛亮二位共同导演并参演的一出人才招聘的大戏。两个人都主动地自觉地扮演了自己合适的角色。

话说刘备站了三个多小时以后，孔明先生终于醒了，换了衣服出来和刘备相见。两个人分宾主落坐，童子献茶。诸葛亮一张嘴就是谦虚之词，说：“看了您的书信，感受了您忧民忧国之心；但我诸葛亮年幼才疏，怕耽误您的事业啊。”刘备说：“推荐人司马德操、徐元直说的话怎么会是虚谈？还是希望先生不要嫌弃我，给我指点指点吧。”诸

葛亮又说："您说的这两位确实是高人，我可不能和他们比，我就是一个种地的农夫，怎么敢谈天下事呢？刘将军您不要舍了美玉来找顽石啊。"

各位，既然诸葛亮有那么大才华，为什么不当着刘备的面展示一下，反而是不断地谦虚推让、自我贬低呢？这也是中华民族的一个传统智慧，叫做以退为进，先说自己不行，再展示自己很行。用低调的语言，衬托实际的才华。这就是低调见面。

管理智慧箴言

先说自己不行，再展示自己很行。用低调的语言，衬托实际的才华。

这么做的原因有两个，一是可以提升听众的满意度。当我们和一个人谈话的时候，都会对对方有一个心理期望，超出期望了就满意，低于期望就不满意。打个比方，人家问了：老赵啊，这次比赛你能拿第几啊？我说：当然是拿冠军啊，我肯定是第一，没问题！结果比赛拿了第三，周围的人一定嗤之以鼻，说这小子真狂妄，不知道自己吃几碗干饭！看，满意度下降了。相反，如果一上来人家问：老赵你能拿第几啊？我说：一般一般，也就是前二十名中等水平吧。结果拿了第三，周围人马上感觉，哎呀厉害啊，一般一般，就能拿第三，不错。满意度一下就提起来了。这个策略就是通过谦虚低调，降低周围人对自己的期望，从而在真正展示的时候，获得更高的满意度。

二是可以让对方对自己说的话有更深的印象。重要的想法、闪光的智慧，不能一上来就说，你让我说我就说，那不行。需要先激发听众的情绪状态，等大家的注意力达到一定的临界点了，我这里才能开始讲。这个叫做“先让对方着急，再给对方出主意。”

从以上两点，我们可以看到，其实谦虚低调不光是美德，它更是一种为人处世的智慧。一只拳头，要想打得更有力量，就要先收回来，再打出去；一个人要想充分展示自己的才能，也要懂得先收回来，再放出去。诸葛亮谦虚低调，就是为了达到这个效果。

在推让了两次以后，看火候差不多了，诸葛亮这才正襟危坐，屏退左右之人，开始给刘备讲解天下大势。这一讲不要紧，只讲得刘备心里真是拨云见日、豁然开朗，这才引出了后来的火烧赤壁，取荆州收四川，天下三分，所以后人赞叹诸葛亮“未出茅庐，先定三分天下”。这一年，诸葛亮只有二十七岁！那真是自古英雄出少年。

青年才俊诸葛亮出山的时候，正是刘备事业最危险的时刻，新野失守，樊城失手，荆州失守，队伍被打散了，盟友投降了，连老婆也死在当阳战场上，靠眼前的万把人如何对抗曹操几十万大军？出路在哪里？希望在哪里？就在所有的人都焦急得近乎绝望的时候，诸葛亮出现了，他稳稳当当地为刘备认真分析了天下形势，给刘备制定了一套精彩的战略，这个战略使刘备很快转危为安。那么这个战略的基础是什么，他又是如何制定的呢？请看下一讲。

第二讲

幸福都是争来的

公元 208 年 8 月的一天，在刘备驻樊城的办公室里，众人鸦雀无声，我们这位刘皇叔正在大发雷霆，只见他手执明晃晃的钢刀，把刀架在了一个小人物的脖子上，眼看就要现场杀人了。这种血腥场面，在刘备整个一生当中是十分罕见的，那么这个让刘备如此暴怒的小人物是谁呢？他就是荆州谋士宋忠。

说到刘备发怒这件事，还要从刘备最近的心情讲起。最近刘备心情相当差，一来是因为刘表去世，二来是因为曹操大军压境。正在焦虑的时候，手下人来报告，说荆州谋士宋忠来访。满以为这个宋忠会带来联合抗敌的计划，可万万没有想到，宋忠带来的，是一个让在场所有人都义愤填膺的消息，大家把肺都气炸了。什么消息？就是刘琮没放一枪一炮，居然投降了。刘备愤怒地对宋忠说：“你们这些人怎么会做这样的事情呢？不早一点告诉我，灾祸到了我家门口，才告诉我，这个有点太过分了吧！”

于是我们就看到了开头的一幕，刘备挥刀架在宋忠脖子上。不过刘备毕竟是刘备，虽然发怒，但是没有下狠手。各位想想，领导发怒，最需要旁边的人做的事情是什么呢？就是解劝，如果没人劝，那进退两难才最尴尬呢。在众人的劝说之下，刘备发完火，找了台阶，最终还是把宋忠给饶了。

各位，刘备一向是很注意人际形象的，很少当众发脾气，这一次却这样忍无可忍，刘备为什么这么愤怒？我们分析一下就会发现，他的愤怒有一个很深的原因，那就是刘琮投降的事实，让刘备自出道以来一直坚守的一种生存模式被彻底击碎了。

那么，刘备这种生存模式是什么呢？我们简单分析一下就可以看到，从结交公孙瓒、桃园三结义、三让徐州到长坂坡摔孩子，刘备的模式就只有两个字——“靠人”，具体说就是靠感情联络人，靠道义凝聚人。他找亲戚找同学，他重感情掉眼泪，他谦卑，他和善，他自称大汉皇叔，以天下为己任，一天到晚喊着要救民于水火，所有这些都是在延续这个生存模式。

不过，刘备却一次又一次被自己坚守的东西伤害，尤其是荆州这一次，刘备以为一笔写不出两个刘字，都是一家人，自己又有这么多感情投入，做了许多贡献，受了委屈也没有反抗，这已经算是十二分的投入了，但是关键时刻，感情和道义还是都失效了。他能不生气吗？他的气愤中还带着绝望和气急败坏，刘备真不知道以后自己该怎么办了。

关键时刻，在最需要别人帮助的时候，却被人甩了，这种事情在我们身边是经常发生的！眼前刘备面临的形势就是危机四伏，孤立无援，部队只有几千，粮草马上要用尽，前有强敌，后有大江，没有根据地，没有援兵。曹操的几十万大军随时都可能打过来，刘备的出路只有一条，什么出路？就是在最短时间内找到一个盟友帮自己度过难关。

大家都知道，一个人要在社会上立足，要做成点事情，就一定离不开别人的帮助，古今都是如此。要想得到别人的帮助，肯定要采取一些方法。比如我们要挖一口井，自己人力量又不够，用什么方法可以说服街坊四邻来帮助我们呢？一般可以想到的首先是利益吸引，花钱雇人家帮忙；要是没有钱呢，就用感情，凭借平时积累的感情说服人家帮忙；那么，要是平时没什么深厚的感情又该怎么办呢？还可以“画饼”，可以说，井打好了，给你一半。不过万一这么说人家不信，又怎么办呢？刘备目前的状态其实就是这样，给钱没钱，用感情没什么感情，许愿给人家，人家又未必相信，从长计议吧，时间又来不及了，到底该怎么办呢？关键时刻，孔明先生给刘备想出了三个有效策略。

策略一
实力接近，联盟稳定

说到这里，我们有必要帮刘备总结一下以往的生存模式，这个模式我们太熟悉了！刘备模式是什么呢？简单说，就是先利用感情，让对方行政长官接受自己，然后再广施仁义、礼贤下士，在人家地盘上发展自己的势力，同时扮演弱者和道义的维护者，一旦和人家翻脸打起来，保证有足够多的人同情和支持自己。实在打不过了，那就再找下一家！

这种生存模式其实是非常脆弱的。比如，刘备刚到荆州的时候，刘表对刘备感情深着呢，又是给部队又是给地盘，确实很大方，不过这段蜜月期很快就过去了。刘备的才干和号召力，很快就让刘表起了疑心。他开始暗地防备刘备，刘表想了什么招呢？《三国志·先主传》写道“使拒夏侯惇、于禁等於博望。”你看，看刘备不顺眼，就派他去和强大的敌人打仗，这很有点借刀杀人的味道。之所以出现这个局面，其实就是刘备这种模式造成的。刘表当然不能容忍，你刘备在我的地盘上发展自己的势力，挖我的墙角，你要这么整，那我也给你来一个借刀杀人！所以，感情联盟往往经不起利益的考验和危机的考验。顺眼的人未必是最能帮你的人。

刘表(公元 142-208 年)，字景升，山阳高平（今山东邹城）人。东汉末年名士，汉室宗亲，荆州牧，汉末群雄之一。

危机时刻，诸葛亮给刘备找了一个新帮手——孙权。

可以说，诸葛亮很懂吴主孙权！在《隆中对》当中，诸葛亮曾精彩而透彻地分析了孙权。说：“孙权据有江东，已历三世，国险而民附，贤能为之用，此可以为援而不可图也。”短短一句话里却包含着后来蜀

汉立国的一个基本国策，就是联合东吴，东北据曹操。为什么一定要坚持联合孙权，而不是联合曹操呢？难道就是因为曹操不顺眼，孙权顺眼吗？万一有一天孙权也不顺眼了，或者曹操变得顺眼了，那该怎么办？

其实，很多当时的人乃至今天的人都没有搞明白诸葛亮在制定这个基本国策时候的苦心。包括刘备自己也没有十分搞清楚。

孔明先生的这个智慧，今天我们要在这里分析一下。我们准备使用的是现代博弈论的分析方法。首先，曹孙刘三方的实力是明摆着的，曹操第一，孙权其次，刘备最弱。我们先来研究曹操，各位想一想，您说曹操要找一个人联盟的话，他是找孙权好呢，还是找刘备好呢？

如果你想不清楚这个问题，那么我们就来想一个更本质的问题，就是让谁活下来，对曹操会有利一些。答案当然是刘备！因为把孙权整死，剩下刘备这个面瓜，你不理他，他不会兴风作浪，你要理他，唾手可得。所以曹操会选刘备。

那么孙权呢，如果想不清这个问题，我们还是回到那个简单问题，让谁活下来对孙权会有利一些，当然还是刘备。他肯定也会选刘备。因为一旦把曹操整死了，自己就是老大嘛，优势很明显。所以孙权也喜欢刘备。

曹操说，刘备我喜欢你！孙权说，备，我也喜欢你！这个叫什么？这个叫做弱者吸引力。最弱的那个人会受到各方的欢迎，因为他没有威胁。

那最后我们想想刘备，如果刘备一定要选一个人当联盟的话，他是选孙权好，还是选曹操好呢？如果想不清楚这个问题，我们还是想那个基本问题，就是让谁活下来对刘备有利一些？当然是孙权。因为跟孙权毕竟实力比较接近，消灭曹操之后和孙权还有的一拼。如果孙权没有了，就剩了曹操，那实力差距太大，基本就没有机会了。第二名一旦被消灭，第三名被消灭的日子也就不远了。

所以刘备喜欢谁呢？当然是孙权，因为孙权活下来，将来还有的一拼嘛，这叫做实力接近，联盟稳定。实力差距太大，领先的人蠢蠢欲动，落后的人惴惴不安，大家都睡不着。

那么各位就看到了，曹操选刘备最有利，孙权选刘备最有利，而刘备是选孙权最有利，博弈结果就是孙刘联盟打曹操。那么，你说曹操没人理，被孤立，是不是他人品次，不顺眼，长得难看，说话难听？这个和那些都没有关系。这个现象叫做英雄寂寞。最有本事的第一名总会被孤立，没有人肯和第一联盟，道理很简单，联盟成功了光荣和实惠都是你的，失败了你比我跑得快，和平的时候你是老大，打起仗来你实力强先整死我，我为什么要和你联盟？我才不会呢！

综上所述，我们得出了一个简单结论，就是在三方斗争过程中，第二名和第三名联合起来打第一名，这是最明智的选择。

管理智慧箴言

在三方斗争过程中，第二名和第三名联合起来打第一名，这是最明智的选择。

诸葛亮正是看到了这个规律，他才为刘备确定了联合孙权抗击曹操的总体战略。没有永远的感情，只有永远的利益；敌人的敌人就是我们的朋友，实力接近，联盟稳定；这些基本的外交原则在这里得到了很好的贯彻。所以，在联盟中，情感往往是模糊的，但利益却总是清楚的。

所以，我们在找人帮忙的时候，也可以借鉴诸葛亮的策略，就是

找实力接近的人做联盟，这样才会比较稳定。并且在联盟的时候，要陈明利害，把风险讲清楚。我们说，一个人最根本的转变不是方法的转变，而是方向的转变。我们为什么要找老师，找老师不是为了学方法，而是为了首先找到正确的方向。诸葛亮给刘备带来了这样的转变，他告诉刘备只有孙权才是最合适的帮手，一定要联合孙权。但是各位想想，孙权也不是傻瓜，你刘备弃新野、走樊城、大败长坂坡，队伍都要打光了，我凭什么和你联盟呢？为了达成这个目标，诸葛亮为刘备谋划了第二个策略——

策略二
变主动为被动，等对方提要求

前边提到了，我们要挖一口井，自己人力量不够，用什么方法说服别人来帮助我们呢？事实上，要说服一群不缺水的人帮我们挖井是很难的，但是，要是引导一群缺水口渴的人跟我们一同挖井，那可就容易多了！

管理智慧箴言

要说服一群不缺水的人帮我们挖井是很难的，但是，要是引导一群缺水口渴的人跟我们一同挖井，那可就容易多了！

这个问题的关键，就是要善于把挖井问题变成口渴问题。先要让对方感觉到自己处在困难当中，然后再提合作，那就有把握多了。诸

葛亮给刘备出的主意就是这样的。

《资治通鉴》记载，在得到刘表去世的消息的时候，孙权派鲁肃到荆州探听虚实。等鲁肃到了南郡，刘琮已经投降。鲁肃转道来见刘备，见面的地点是当阳长坂坡。

原文说："肃宣权旨，论天下事势，致殷勤之意。"什么意思呢？就是鲁肃向刘备分析了当前形势，并且代表孙权向刘备表达了善意和好感。从这十四个字当中，我们还可以感受到鲁肃方面对局势没有充分的思想准备，有点慌乱和紧张。

鲁肃（公元 172－217 年），字子敬，临淮东城（今安徽定远）人，中国东汉末年东吴的著名军事统帅。

按理说，这是刘备集团求之不得的，要是一般人，早上去说了："那我们就联合吧，我们现在很困难，早希望和东吴联合了！"

这样行不行呢？还是那句话，也行，但是境界不高，因为其中包含着风险。历史和现实都证明了，联盟过程中，如果弱势一方表现得

过于迫切，反而有可能葬送大好的局面，给建立联盟造成不必要的周折和困难。

诸葛亮对此早有准备，他和刘备都暂时隐蔽了自己的合作倾向。鲁肃论大势，刘备和诸葛亮就笑呵呵地跟着论大势。鲁肃忍不住问刘备：“将军要去哪里？”

你说刘备要不要说，“我去找你们孙将军，我要和他联合。”

刘备才不这么说呢。刘备说的是，我要去投奔苍梧太守吴巨。鲁肃一见刘备要投奔吴巨，连忙劝到：“孙讨虏聪明仁惠，礼贤下士，英雄豪杰都来投奔，已据有六郡，兵精粮多，足以成大事！您为什么不和我们孙将军联合呢？吴巨是个凡人，偏在远郡，不可靠啊！”听完鲁肃的话刘备有什么反应呢？史书上说了三个字“备甚悦”。这三个字很妙啊，刘备为什么很高兴呢？主要是鲁肃着急了，主动提出联合的要求，正中刘备下怀。

这样一来，求助就变成了联合！这个转变对于刘备是至关重要的。

后来呢，《资治通鉴》记载说“备用肃计，进住鄂县之樊口。”大家注意前四个字，叫“备用肃计”，也就是说，刘备接纳了鲁肃的建议，进驻樊口。

大家想想，刘备自己没有想法吗？为什么偏偏要用鲁肃计？刘备这个举动也可以理解为做出了一种姿态，就是一切都听从鲁肃的安排：你看，你不让我去找吴巨，好，我听你的；你让我到樊口，好，我还听你的，这个就叫做“变主动为被动”。这样一来，所有人都会感觉到，是东吴想联盟，东吴是受益者，他们理应担当联盟的更大责任。

通过把求助变成联盟，在联盟中变主动为被动的策略，诸葛亮帮自己的团队找到了更大的回旋余地。

所以，在日常生活中，我们大家也要注意这些合作的细节问题。

当我们遇到困难，特别需要别人帮助的时候，一定不能哭天抢地、生拉硬拽，哀求别人帮忙。幸福不是哀求出来的，成功不是哀求出来的，女朋友也不是哀求得来的。流泪下跪、哭天抢地只能把人家吓跑。

求别人帮忙什么的，我们真的要学学刘备这样沉住气，等对方说话，说完了，再引导对方看到自己的困难，然后再接受对方的建议，按照对方的安排做点事情。这样，联盟就稳定了。

可以说，以上这些刘备和诸葛亮做得不错，不过所有这些还都仅仅停留在谋划以及和鲁肃交流的层面上。你想想看，这些东西，孙权能接受、能认可吗？他要是不接受，那该怎么办？所以问题的关键是到底该如何劝说孙权，又有谁能担当此任呢？关键时刻，还要靠诸葛亮。我们这位孔明先生在搞定鲁肃以后，前往江东亲自面见孙权，在说服孙权的过程中，他使用了自己的第三个妙招——

策略三

占据优势，再提合作

上一节我们说过，其实，三国故事里边有两个诸葛亮。一个是诸葛亮真身，体现着历史的本来面目；另一个是诸葛亮的化身，就是《三国演义》小说塑造的诸葛亮，他浓缩着千百年来我们民族的经典智慧。

那么，孔明先生是怎么说服孙权的呢？我们先来看看《三国演义》中的化身智慧，“第四十三回 诸葛亮舌战群儒”记录了诸葛亮说服孙权这个精彩的过程。其实诸葛亮舌战群儒最主要的方法就一条，哪一条呢？就是：内容上非常讲理，态度上非常不讲理。

孙权在诸葛亮之前，先让诸葛亮见自己手下的谋士，目的很清楚，就是想看看诸葛亮到底是真才还是假才，你要是连我的这帮谋士都说服不了，我根本就没必要见你了。所以，诸葛亮面临的是一次事关成败的面试，对方是江东六郡八十一州的英才。说好了，可以得到帮助渡过难关；说不好，别说得不到帮助，可能连小命也难保。而且还有一节很关键，就是这个面试，打分的是孙权。就算是对手个个满意，孙权不满意也是徒劳。

所以我们说，辩论的目的，不是要说服对手，而是为了展示才华给观众和评委看。这一点，从舌战群儒刚开始的时候，诸葛亮就看到了。

话说鲁肃引导诸葛亮到了堂上，早见张昭、顾雍等二十余人整衣端坐正等着呢。那个年代也就是没有电视直播，否则，这场辩论会的收视率一定能创造新高。诸葛亮是以一对二十，而且是以前途命运做抵押。那么诸葛亮应该怎么做呢？其实，诸葛亮有两个路线可以走，一个是采取低姿态，说软话赔笑脸，获得多数人的同情，走可怜路线；一个是采取高姿态，嘴硬到底，在众人面前句句较真，绝不让步，走可恨路线。

大家想想，一般人求别人帮忙走哪个路线？肯定是低姿态，不说软话怎么行？但是人家诸葛亮就真没这样做。孔明先生聪明啊，他知道孙权是英雄，与英雄合作怎么做？让人可怜的人，只能做英雄的仆人；让人折服的人，才配做英雄的伙伴！英雄不会选跪着的人做盟友。

所以，从进门那一刻起，诸葛亮就做好了准备，要和江东的谋士们舌战到底，只有在气势上把他们压倒，贬得一无是处了，骂得狗血淋头，但又说得句句在理，这样孙权才会给自己机会，江东才会给自己机会。

所以，诸葛亮“舌战群儒”采取了一个基本招数“内容上非常讲理，态度上非常不讲理。”那么什么叫“内容上非常讲理，态度上非常不讲理”？到底是讲理还是不讲理呢？我们来看看孔明先生是怎么操作的吧。

江东一辩是大名鼎鼎的谋士张昭，张昭采取的是迂回策略，他上来先聊天一样问孔明说：“久闻先生您高卧隆中，自比管仲乐毅，这个事是真的吗？”

张昭（公元156－236年），字子布，彭城（今江苏徐州）人。三国时期吴国重臣，著名政治家。官至辅吴将军，谥曰文侯。

诸葛亮的方式就是你说大的，我一定说小，你觉得高，我一定说低。先反对再做道理，因此他立刻回到：“这是本人很寻常的小比较嘛，算不了什么。”

张昭步步为营，不冷不热地接着说：“我听说刘备三顾茅庐请先生你出山，本来准备席卷荆襄九郡。但是，现在却眼睁睁地看着嘴边的肉就这么都被曹操占去了，先生您心里作何想法呢？”

张昭的意思是质问诸葛亮：您不是管仲乐毅嘛，既然有那么大才华，怎么刘备找了你，反而没有得到荆襄九郡呢？你狂什么狂！

诸葛亮面对责难，讲了三个道理：“第一，我们取这块地太容易了，就像翻手掌一样容易，不是我们拿不到，而是我们主公刘备仁义，不忍夺同宗之基业，是我们主动推掉的；第二，曹操也不是凭实力得到的荆州，而是刘琮这个糊涂蛋听信了奸臣言语，暗自投降造成的；第三，现在我们主公屯兵江夏，有更远大的抱负，正准备大展宏图，这可不是那些平庸等闲之辈能了解的啊。”

从上边这一小段，大家可以看到，诸葛亮说话基本都是开始时无原则反对，接着再有理由说服；理性讲道理之后，结尾又会来一两句情绪化的贬低。这叫“讲理在中间，蛮横在两边”。这个很妙，说话时要想打击对手，又让他哑口无言，这个方法最有效了！果然，一下子就把温和的张昭先生给惹怒了。

他有点激动地对诸葛亮说：“既然这样，你孔明的言行就相违背了啊！第一，你先生自比管乐，人家管仲保齐桓公，九合诸侯，一匡天下；人家乐毅扶微弱之燕，连克齐七十二座连城，这两位都是英雄人物。

可你老先生呢？我们大家看看，刘备没得到你之前，尚能纵横天下，割据城池；自从请到你，连吃败仗，被曹操打得弃新野，走樊城，败当阳，奔夏口，无容身之地，真是一败涂地。为什么你这一出山，不但没有起好作用，反而把人家刘备搞得不如当初呢？请对方辩友解释一下！”

孔明听罢，轻蔑地看了对方一下，先给来了一句狠的，他怎么说的呢？他说：“大鹏万里翱翔，它的志向哪里是你们这群凡鸟能看出来的呀！”这话可有点狠，等于骂江东谋士都是凡夫俗子，都是鸟人啊！这还是前边的老套路，“道理在中间，蛮横在两边”。先把你贬下去再说。

接着，诸葛亮展开了一个精彩的战略分析：“第一，人得了重病，一定要先温和调养，身体壮了有了本钱，再下猛药跟疾病作正面交锋！如果不看形势，上来就下猛药正面对抗，这属于找死！我们兵少将少，属于身体虚弱，所以不会鲁莽地和敌人正面交锋。审时度势选择策略，这是英雄！不考虑形势，上来就玩命，那叫找死！

第二，即使在这样劣势的情况下，我们依然把夏侯惇、曹仁打得抱头鼠窜，这就是管仲、乐毅的水平！

第三，刘琮降曹，我们的主公不忍乘乱夺同宗基业，这是大仁大义。当阳之败，我们主公不弃百姓，和大家同生共死，这也是大仁大义。

第四，胜负乃兵家常事。从前高祖刘邦多次被项羽打败，但是垓下关键一战大获成功。这些道理不是那些浮夸空谈的人能明白的！那些人坐议立谈，无人可及；临机应变，百无一能。诚为天下笑耳！”

一番言语，说得张昭哑口无言。

不过这次，东吴给诸葛亮可是准备了大餐！张昭只是第一道菜，后边还有三道呢，而且一道比一道麻辣！第一波张昭谈战略，第二波虞翻步骘谈局势，第三波薛综陆绩谈出身，第四波严峻程德枢谈学术。我们接着往下看。

张昭第一波正面进攻失利后，东吴一方开始了第二波攻击。这次是谋士虞翻，他大声说：“曹操兵屯百万，将列千员，龙骧虎视，平吞江夏，公以为何如？”这次孔明采取了“不扩大战斗，只集中火力否定核心观点”的方法。他说：“曹操手下都是袁绍、刘表的残兵败将，乌合之众，虽数百万不足惧也。”虞翻冷笑着问：“你们在当阳吃了败仗，到夏口无路可走，现在来求我们帮忙，居然还敢说‘不惧’，这明显是说大话骗人啊！”

其实虞翻说得很实在，诸葛亮目前就是这个样子。既然人家说的都是事实，你说承认不承认？不承认吧，显得无耻；承认吧，显得无能。怎么办都丢分，那怎么办呢？孔明使用了一个小技巧，其实面对这种无法反击的指责，我们可以采取类似的技巧，什么技巧呢？就是在无法回应的时候，最好的方法就是不回应，而是转守为攻，把问题引到对方身上。所以，孔明微然一笑：“好，你虞翻说我们害怕曹操，可是各位看看我们几千人都敢和曹操对战，你们江东兵精粮足，而且有长江之险，反而想着屈膝投降，不顾天下人耻笑。从这一点上说，我们真的算不惧曹操啊！跟你们各位比，我们勇敢多了！”一句话就把虞翻噎回去了。

二辩虞翻退场，三辩步骘又上来了。步骘的问题很直接，他问：“孔明你是不是要学苏秦张仪那些说客，来游说我们东吴呢？”这个问题和前边虞翻的问题一样，说的是事实，不承认无耻，承认了无能。

孔明用的还是前边的策略“转守为攻”，回答不了的问题就干脆不回答，直接转化一个新问题，把对方打击下去。所以，孔明很冷静地说：“苏秦张仪不光是辩士，人家更是豪杰，危难的时候可以挺身而出，不畏强暴，比那些欺软怕硬、贪生怕死的人强多了，你们老几位还没看到曹操大军，光听到几句吓人的话就要投降了，还敢笑苏秦张仪吗？”一下就说退了步骘。

第二波攻击过后，紧跟着就来了第三波，专谈背景出身问题。谋士薛综问诸葛亮：“你觉得曹操何如人也？”诸葛亮说：“曹操乃汉贼也，这个问题还有必要讨论吗？”薛综说：“你说错了，现在曹公已有天下三分之二，人皆归心。刘豫州不识天时，强欲与争，正如以卵击石，安得不败？”

一涉及人的问题，肯定是公说公有理、婆说婆有理，是纠缠不清的问题。对于纠缠不清的问题，诸葛亮的策略是什么呢?就是不谈问题，谈人品！根本不纠缠问题本身，而是质疑提问者本身的立场和价值观，在气势上压倒对方。这个效果非常明显。所以薛综说完以后，孔明厉声呵斥："夫人生天地间，以忠孝为立身之本。曹操名为汉相，实为汉贼，拿着国家的俸禄，不思报效，反怀篡逆之心，天下共愤，人人切齿！你居然认为这样的人是英雄，真是不忠不孝的无耻之辈！你连怎么做人都不知道，还跟我谈做人呢。你不配和我说话，快闭嘴吧！"说得薛综满面羞惭，不能对答。

一见此景，谋士陆绩立刻站了起来，他是专门质问刘备出身的。他说："曹操虽挟天子以令诸侯，毕竟是相国曹参之后。你们的刘备说是中山靖王后裔，却无可稽考，眼见着就是织席贩履的小商小贩，何足与曹操抗衡！"

诸葛亮笑着说："您就是在袁术座间偷橘子的陆绩吧？"这个策略叫做揭伤疤，先揭对方的短处，打击了他的嚣张气焰然后自己再说话。比如我们遇到一个口若悬河、气势如虹的对手，要压倒他怎么办？我们可以借鉴诸葛亮的做法，先揭对方一个小短处，比如"首先提醒对方辩友，您裤子卷边，袜子上有个洞，牙齿上还有个韭菜叶，公开场合要注意仪表，这是对评委和观众的尊重。没有起码的尊重，还谈什么做人问题？您自己先回去整理一下衣服吧。"这叫揭短战术。

打击完陆绩的嚣张气焰，诸葛亮依然使用是前边的策略，直接质疑提问者本身的立场和价值观。他说："曹操既为曹相国之后，世代为汉臣，现在犯上作乱，那就属于不但是欺君也是欺祖，不但是汉室乱臣，也是曹氏贼子。我们的刘皇叔堂堂帝胄，当今皇帝按谱赐爵，怎么能说无可稽考？而且高祖刘邦起身亭长，而终有天下，织席贩履小商小贩有什么丢人的？这叫英雄不问出处。你整个是小儿之见，小孩子见识不足与高士共语！"陆绩也闹个大红脸。

东吴第三波攻击又失败了，还剩下第四波两个人，这两位是专谈学问的。第一个出场的是严峻，他说：“孔明所言，皆强词夺理，均非正论，不必再言。且请问孔明治何经典？”

孔明对付这类问题，那就更有经验了。他的打法就是根本不接招，你一接招，你说“我研究《论语》”，被人家牵着鼻子追问一句，“那请问《论语》第三章第五句是什么？”一下就陷入被动了，诸葛亮的打法就是反客为主，直接否定对方的问题本身。他直接说：“请问对方辩友，你真觉得寻章摘句能成就大业吗？各位看看伊尹、周公、姜子牙，还有张良、陈平，这些成就大事的人，有谁知道他们研读的是哪本书？什么专业？什么学历文凭？大英雄振兴国家，以天下为己任，怎么能够在区区笔砚之间，数黑论黄，舞文弄墨呢？”一下就把严峻打回去了！

严峻刚坐下，程德枢又站了起来，大声说：“你孔明好说大话，未必有真才实学，恐怕要被儒者耻笑啊！”这话的意思就是——你再能说再有口才，就算是上了“百家讲坛”，我们这些学术权威照样看不上你，你就是不行！

对于这类直接的否定，应该怎么处理？是不是来个直接肯定，在那儿大声说：“我行，我就行！我很行！”这叫自卖自夸，要是这么说就显得浅薄了。那换一种说法呢？跟他说：“你看不上我，我才不稀罕，你权威有什么了不起，权威都是疯子。”这样说又会显得狂妄自大，效果也不好。既然这两个办法都不行，那该怎么办呢？我们推荐一种方法，叫分类排除法，就是把权威分成两种，告诉对方，高明的有思想有品格的都支持我，把那些不支持的人排除在外，说他们本身就有问题，他们不支持，恰恰说明我很好。我要被他们支持了，那说明我也有问题了。孔明先生用的就是这个策略。

他不慌不忙地说：“儒有君子小人之别。君子之儒，忠君爱国，守正恶邪，名留后世。小人之儒，舞文弄墨，雕虫小技，笔下虽有千言，胸中实无一策。只要君子支持我就足够了，小人支持我我会睡不着觉的！”程德枢一下也哑口无言了。

到这里为止，我们的智慧化身孔明先生应对了四波七个人的质问和责难，表现得恰到好处，游刃有余。《三国演义》这段写书为我们展示了面对质疑，回答挑战性问题的高明技巧。不过这些都是前奏，老鼠拉木锨——大头在后边，最重要的是说服孙权！那么孔明先生是用什么策略说服孙权的呢？

策略四
情绪上激发怒气，利益上引导思考

我们说了《三国演义》中舌战群儒一节，属于化身智慧，展示的是辩论技巧。那么接下来诸葛亮说服孙权，就属于历史真实了。在《三国志》和《资治通鉴》中都有记载，在柴桑，诸葛亮见到了孙权，孙权和前边那些谋士不同，他不属于要投降的那一派，他属于正在犹豫和疑惑之际。诸葛亮对孙权说了一段决定性的话，凭借这段言语，孙权终于决定联合刘备北据曹操。那么诸葛亮到底是怎么说的呢？我们来看一看。

史书记载，诸葛亮告诉孙权，希望孙将军你根据形势选择策略，如果你能打，你就早点动手；如果你不能，你就干脆早点投降算了。现在你表面上服从，暗地里又犹豫不决。事急而不断，灾祸就要来了。

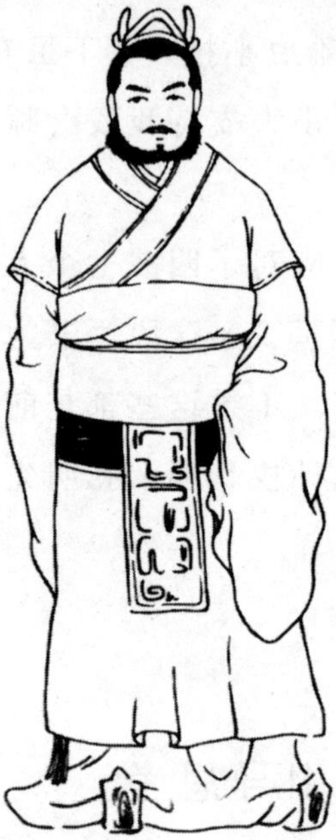

孙权（公元182－252年），字仲谋，吴郡富春县（今浙江富阳）人。三国时期吴国的开国皇帝，公元229－252年在位。公元208年，孙权与刘备联盟，并于赤壁击败曹操，天下三分局面初步形成。公元219年孙权自刘备手中夺得荆州，使吴国的领土面积大大增加。公元222年孙权称吴王，公元229年称帝，正式建立吴国。

诸葛亮在这里很冷静地和孙权分析了一个策略问题，这个分析在说服孙权的过程中起了关键作用。什么策略问题呢？就是对于孙权来说，保持中立到底好不好。你看，一般人经常会采取观望策略，你们两个打架，我不表态，我中立，既不支持你，也不支持他，这不挺好嘛！其实各位细想想，中立策略是相当被动的策略。

你注意，无论支持哪一方，你都会有一个朋友；如果你中立观望，那么你可能有两个敌人，你没有朋友；一旦这两个敌人达成联盟，那么第一个倒霉的就是中立的人。

所以诸葛亮告诉孙权，既然早晚要选一边，你孙将军要马上选，无论选哪边都可以，但是你要是不选，你就被动了，会两边都失去的。

这是一个很高明的方法，劝别人的时候最要紧的是放下自己的立场，首先站在对方的角度考虑问题。这叫做把屁股坐在对方的椅子上，然后再劝说。

那孙权就问了说：“既然这样，你家主公刘备为什么不投靠曹操啊？”

这次诸葛亮使用了激将法，他慷慨激昂地说：“我的主公刘备，是大汉皇族的后人，英才盖世，天下人都仰慕，就像河流奔向大海一样！就算事业不成，也是天意，我们绝不投降！”

这是在展示自己的软实力，同时使用激将法！孙权立刻就中招了，他也慷慨激昂地说：“我有六郡八十一州，十万之众，决不能受制于人。我抗曹的决心也早定了！”

不过孙权还是有点没底气，他问诸葛亮：“你们刚刚才吃了败仗，还有力量抗击曹操吗？”这次，诸葛亮给孙权吃了定心丸，他怎么说的呢？诸葛亮使用了三个层次的说服策略：

一是扩大自己。他说，我们虽在长坂坡吃了败仗，但是手里还有一万多精锐，公子刘琦在江夏的队伍也有万人以上。

二是缩小敌人。他说，曹操远道前来，部队疲惫不堪，骑兵一日一夜要走三百馀里，战斗力大打折扣。

三是判断客观条件。他说，北方之人，不习水战；而且荆州之民投降曹操，都是形势逼的，并不是真的心服。

最后才得出结论，如果你孙将军安排一员猛将统兵数万，和我们同心协力，一定能战胜曹操。一席话说得孙权大悦，一下就转变了观望犹豫的态度。公元208年10月，孙权派遣周瑜统兵三万，在赤壁排开阵势，一场影响历史的空前大战就这样拉开了帷幕。

刘备抓住赤壁之战的有利时机，终于摆脱了被动局面，迎来了事业的转机。到后来，得荆州，取西川，夺汉中，大展宏图。我们前边说过，大事业的成功，首先是用人的成功！强有力的干部队伍是事业成功的基础。而刘备的干部队伍成分是相当复杂的，从背景看，既有创业班底，又有荆州团队，还有西川降者；从工作方式上看，有稳重的，有冒进的，有战略型的，也有执行型的；从感情上看，有朋友中来的，也有对手中来的，有顺眼的，也有不顺眼的。这样一个庞大的干部队伍，应该如何梳理，如何安排？怎么才能做到人尽其才、能岗匹配呢？面对这个挑战，孔明先生采取了哪些对策呢？请看下一讲。

第三讲 不拘一格用人才

东汉建安十五年，也就是公元 210 年的春天，在荆州治下耒阳县的县衙里，三将军张飞张翼德正在大发雷霆，大嗓门震得整个县衙的厅堂都嗡嗡的，吓得周围的人一声都不敢吭。张飞对面是一个醉汉，只见此人衣衫不整，歪带着帽子，腰上的带子也没系，一张黑脸，方下巴短胡子，浓黑的眉毛小眼睛，鼻孔有点翻，满嘴的酒气，站在那里左摇右晃，样子十分滑稽。虽然张飞发这么大火，但是此人毫不在乎，眯缝着眼睛，嘴角似笑非笑，把张飞给气得满脸通红，直喘粗气！

在张飞的职业生涯当中，从来都是他喝醉酒藐视别人，没想到今天居然也遇到了一个胆敢喝醉酒藐视他张三爷的人。要不是旁边的孙乾先生使劲拉着，张飞今天非上去揍这家伙一顿不可。

那么究竟是什么人敢在张飞面前如此放肆呢？这个人不是别人，他就是大名鼎鼎的凤雏先生庞统庞士元。我们知道，三国时期“伏龙凤雏”齐名，伏龙说的是诸葛亮，凤雏说的就是这位庞统。

张飞（?—221年），字益德（《三国演义》、《华阳国志》中字翼德），涿郡（今河北涿州）人，三国时期蜀汉重要将领。官至车骑将军，封西乡侯。

那么庞统为什么把张飞气成这个样子呢？根据《三国志》记载，此时的庞统身份是耒阳县的县令，地方上的父母官。三国时期的耒阳属于零陵郡管辖，公元208年刘备在赤壁之战胜利后，兼并了零陵郡，耒阳成了刘备管辖下的一个县。这一年的春天，张飞来到了耒阳，他的身份是四方巡查使，刘备授权他专门负责考察基层干部的工作。

按照今天我们的理解，上级检查团来了，你一个地方官还不得整顿市容，列队等候，搞个隆重的欢迎仪式，然后款待上级领导尝尝地方美食，然后再来一个严谨周密的工作汇报。可你看看这位庞统庞县长，非但这些基本动作一个都没有，而且还胆大包天地吃酒带醉，戏弄张飞，藐视检查组，这还了得！那庞统为什么对上级检查组胆敢如此傲慢无礼呢？

原因很简单，庞统认为自己受到了不公正的待遇。本来庞统豪情万丈来投奔刘备，指望也像诸葛亮那样如鱼得水，大展宏图。没想到刘备以貌取人，给他一个百里小县。庞统想的是，连曹操见自己都恭敬有加，因为自己看不上曹操这样的奸雄，所以才来投奔刘备，没想到素以爱才著称的刘备，对自己的态度如此的冷淡，还不如奸相曹操呢！

那么我们禁不住要分析一个问题了，刘备为什么会看庞统不顺眼呢？

庞统(公元 179-214 年)，字士元，荆州襄阳（今湖北襄樊）人。东汉末年刘备帐下谋士，官拜军师中郎将。才智与诸葛亮齐名，道号“凤雏”。

原因也很简单，因为庞统不光有一个让人讨厌的长相，而且还有一副让人讨厌的臭脾气。性命性命，性格就是命运。这句话在庞统身上体现得简直是淋漓尽致。

单从一个简单事情上，我们就能看出庞统的问题。在三国人物里边，这些高人求职找工作，同时见过曹操、孙权、刘备三个 CEO 的，恐怕也只有庞统一个人了。而且，这三个 CEO 虽然性格不同、为人处世方式迥异，但是他们比较一致的是对庞统的印象都不怎么好。如果说一次倒霉是偶然，两次倒霉是偶然，次次都倒霉，那就一定有倒霉的必然。这个必然体现在庞统身上，就是他的性格傲慢无礼，什么话难听就说什么。

我们前边谈到，人家诸葛亮的求职策略是高调出场，低调见面，让别人说自己好，自己谦虚。这样做既有面子又有情分，多好啊！庞统先生正好相反，他属于低调出场，高调见面，死乞白赖要和人家见面，一见面又傲慢无礼，专说刺耳的话。《三国演义》中有孙权见庞统的一段描写。

权见其人浓眉掀鼻，黑面短髯，形容古怪，心中不喜。乃问曰:「公平生所学，以何为主？」统曰:「不必拘执，随机应变。」权曰:「公之才学，比公瑾如何？」统笑曰:「某之所学，与公瑾大不相同。」权平生最喜周瑜，见统轻之，心中愈不乐，乃谓统曰:「公且退。待有用公之时，却来相请。」

所以庞统是典型的那种有才华但是不讨人喜欢的人，给领导的第一印象非常不好。现代心理学研究，在快节奏的社会生活当中，见面头三分钟形成的第一印象在人和人的交往过程中起到了关键作用，如果这个第一印象不好，那恐怕是没有机会改善的。

《三国志·庞统传》中记载，刘备对庞统本来印象就不好，再看到他喝酒误事不好好干工作，禁不住大怒，干脆把庞统的职务给免了。

说到这里，我们要说说刘备了。俗话说：金无足赤，人无完人。

谁还没点毛病？单凭一个简单的印象，就把这么大一个才子给冷落了，这说明刘备用人的方法有点问题。

选人，不能光看顺眼不顺眼，尤其是重要岗位的关键人才，一定要全面考察仔细斟酌。如果说刘备一直按照顺眼不顺眼这个套路去选人的话，事业恐怕就要出现危机了。所以关键时刻还得看诸葛亮。庞统的问题出现以后，孔明先生帮刘备出了几个点子，很好地解决了这个问题，达到了不拘一格用人才的效果。

像庞统这种人可不是少数，我们身边也有很多人属于这个类型，三国里刘备后来遇到的法正、张松等人，也属于这个类型。这种人的特点是什么呢？就是看着不顺眼，性格有问题，但是确实有才华。那么这种人才到底该怎么管呢？诸葛亮有三条特别成功的策略值得我们学习。

策略一
放水养鱼

《三国志》和《三国演义》都同时记载了庞统被贬这一事件，刘备以庞统在县不治为由把庞统耒阳县令的职务给免了。

得到这个消息以后，东吴鲁肃给刘备写信说：“庞士元非百里才也，使处治中、别驾之任，始当展其骥足耳。”鲁肃写信的时候，周瑜已经去世了，鲁肃刚刚接替周瑜，成为坐镇一方的军事主将。这时候的鲁肃，说话要比当初有分量多了。

各位记得，当年诸葛亮出山的时候，先后有司马徽、黄承彦、徐庶等人出面称赞诸葛亮，他的才华才最终得到了认可。这是诸葛亮的聪明之处。

而庞统就没有借助这方面的力量，庞统来见刘备的时候，本来怀揣着鲁肃和诸葛亮的推荐信，但是却不肯拿出来给刘备看。庞统的求职思路是——我也不靠专家推荐，我也不低姿态，我也不展示才华，我就凭一副傲慢的腔调打天下。大家想想，你长得丑不是你的错，你长得这么丑还出来恶心人，那就是你的不对了！你要是遇到这样一个找工作的人，你愿意要吗？肯定不要啊。

这件事情也告诫我们，要想获得周围人的认可，专家或权威的推荐一定是必不可少的。而且即使有专家推荐也要注意保持低调，绝不能太傲慢。

我们再把话题拉回来，经过鲁肃这一说，刘备的态度有点改变了。紧接着，诸葛亮下基层回来了，见了刘备，诸葛亮先问："庞军师最近很好吧？"

大家注意诸葛亮的用词很有意思，人家可没说庞县令，人家说的是庞军师。从这一点可以得到一个信息——诸葛亮根本不知道刘备把庞统打发到偏远地区当县令这件事情。

这句话反映出诸葛亮有两个没想到，一是没想到庞统这么傲慢，不但不拿推荐信出来，而且还会得罪领导。二是没想到刘备凭第一印象就把庞统给贬到耒阳去了。

那么，诸葛亮对这件事情是怎么说的呢？他说："士元非百里之才，胸中之学，胜亮十倍。亮曾有荐书在士元处，曾达主公否？"

大家看看，诸葛亮也在强调庞统是万里之才，但是他做不了百里之事。孔明这个意见和鲁肃是一致的。关于万里之才做不了百里之事这个人才理念，我们这里想多讲几句。

大家都知道东汉年间的一个典故——东汉时有一个少年名叫陈蕃，自命不凡，一心只想干大事业。一天，好友薛勤来访，见他的院内又脏又乱，便对他说：“孺子何不洒扫以待宾客？”陈蕃回答说：“大丈夫处世，当扫天下，安事一屋？”薛勤当即反问道：“一屋不扫，何以扫天下？”

这个典故引出了一个著名的人才话题：扫一屋和扫天下的关系。

我们认为，人才有三类，第一类是既能扫一屋又能扫天下，大事小事都做得很好。我们把这个类型的人才称为通才。比如诸葛亮就是这个类型的人才，军事、外交、民政都搞得很好。你安排他做什么工作都能取得显著成绩。这样的人很棒但是也很难得，属于凤毛麟角。

第二类就是只能扫天下，不能扫一屋的人才，我们称之为专才。这类人的技能有明显的局限性，只能干好一个方面的工作，干大的就干不成小的，干这件却干不成那件。管理这种人才，有一个关键的要点，这个要点是什么呢？就是一定不要凭他过去干得好还是不好，就给他下定论一棍子打死！因为这种人最需要的是合理安排，倘若安排到不合适的岗位，他可能会很平庸，但是绝不能因为他很平庸，就把他给淘汰了开除了。评价这类人才一定要先看安排，再评价业绩。安排不对不出成绩，安排对了大放光彩。庞统就属于这种人才。所以诸葛亮和鲁肃都建议刘备，不要因为庞统没有做好一个县的事情，就断定他没有才华，其实不是人家没有才华，是你安排得不对。

我们在现实生活中也会看到很多类似的现象。领导往往因为一个人过去有一个岗位或一项工作没干好，就断言这个人没本事，不能用。就这样给定性了，岂不可惜！要知道，痰盂再好不能盛米饭，瓦壶再破可以沏龙井。一件东西一个用场，一个人一个舞台。有用没有用，其实完全看如何安排。所以，通才好用，专才难用。

第三类人才是只能扫一屋，不能扫天下的人才，我们称为平才。这类人才的特点是小事情会做得很好，你让他擦桌子扫地搞卫生，他能做得特别棒，但是让他独当一面挑大梁，可能就会出大问题。这类人只能给荣誉，当劳模，不能给权力，挑重担，因为他不具备做大事的能力。

刘备在孔明的劝说下，恍然大悟，随即令张飞往耒阳县请庞统到荆州。史书上用了六个字描述刘备和庞统见面的情景，叫做“与善谭，大器之”。随后拜庞统为副军师中郎将，与孔明共赞方略，教练军士。

说到这里，我们要做一个简单的总结，像庞统这类专才型的人才应该怎样使用呢？技巧就是放水养鱼。小池塘养小鱼，大池塘养大鱼，给人才一片水洼，他只能是吐泡泡的泥鳅，给他一片海洋，他就可以成为呼风唤雨的蛟龙。做大事的人，一定要有给别人准备天空和海洋的胸怀和气魄！

管理智慧箴言

给人才一片水洼，他只能是吐泡泡的泥鳅，给他一片海洋，他就可以成为呼风唤雨的蛟龙。

庞统成为军师以后，终于有了自己施展才华的空间，他给刘备出的第一个主意就是取西川。在取西川问题上，孔明的态度也很明确——支持！不过在具体执行过程中，孔明又巧妙地运用了第二个策略。

什么策略呢？叫做分槽喂马。

策略二
分槽喂马

《三国志》裴注引用《九州春秋》的记载说：庞统当了军师以后，就劝刘备说：“荆州荒残，人物殚尽，东有吴孙，北有曹氏，两面受敌，不利于发展。现在益州国富民强，户口百万，物产丰富，可以成大事！”

刘备却很犹豫，说：“我和曹操是水火不相容的对手，我每件事都和曹操相反。他用急，我就用宽；他用暴，我就用仁；他用诡计，我就用忠信。只有这样，大事才能成就。现在不能为了小利，取同宗基业失信义於天下，我可不能做。”

各位看看，刘备确实是个特别重视声誉的领导，把名声看得比性命还要紧。这是一种朴素的品牌观念。用现代眼光看，我们这位刘皇叔是十分看重品牌美誉度的领导，他懂得无形资产的价值啊！这一点值得我们现代社会的很多人去学习。

看到刘备这么固执，庞统就劝说刘备：“现在天下形势变化无常，不能用一个策略定天下，一定要因时而变！我们用计谋得到了，再用仁义守住，有何不可。你要心疼你那个本家兄弟，等你得了天下，封一大块土地给他不就成了。现在你要是不出手，被别人抢了先，咱们可就被动了啊！”

通过这个对话，我们可以看到庞统的思维特点：就是不死板，善于变通，不会被条条框框束缚住。这是典型的创新思维特征！恰恰是刘备集团所最缺乏的。

在利益和道义问题上，刘备用的是对立思维，认为利益和道义是对立的；而庞统用的是同一思维，庞统认为二者可以兼得，并不矛盾。换句话说，在庞统看来，挣钱与实现远大理想、服务国家和社会一点也不矛盾，而且一旦有了钱，还可以更好地奉献嘛。与其抱着死板的条文可怜巴巴等别人救济，不如主动出手获得实惠还可以去救济别人呢！

在庞统的劝说下，刘备决心挥师入川。那么伏龙、凤雏两位先生，是都带了去，还是带一位去呢?在这个问题上，人家诸葛亮早替刘备想好了！

大家看《三国演义》第六十回“张永年反难杨修，庞士元意取西川”一章当中，有个特别意味深长的小段落。

刘备在听完庞统的一番道理后，做恍然大悟状，说：“金石之言，当铭肺腑。”于是遂请孔明，同议起兵西行。

大家注意，刘备和庞统商量取西川的事情，诸葛亮是没有参加的，他采取了回避的态度。刘备把诸葛亮请来以后，您猜孔明先生对取西川怎么说？他说的是：“荆州重地，必须分兵守之。”

大家注意，别人说的是进取的事情，孔明先生说的是看家的事情。刘备说，“那正好，我带庞统、黄忠、魏延前往西川；军师你带人看家吧。”孔明就欣然应允。说到这里，我们要分析一下了，各位，孔明主动要求看家，其实不光是从军事出发的一种战略眼光，更是从人事出发的一种人才策略。这个策略就叫做分槽喂马。

什么是分槽喂马的策略呢？我来给大家举个例子。说农场里有个老先生，养了两匹千里马，准备卖钱。结果养了一段时间发现，这两匹千里马不吃草不吃料，浑身掉膘，而且身上还有伤痕，这下子老先生可急了，有问题找专家，赶紧把马博士请来了。马博士来了一看，说：“你这个不对啊，哪有你这么养马的！”

老爷子问为什么不对，马博士说：“这千里马本事大，脾气急，互相不服，在一起吃草的时候，互相争抢，你踢我咬，不但不上膘，还会受伤。你呀，一定要把食槽分开，一分为二，中间隔开，让他们一人一个空间，各吃各的，保证没几天就膘肥体壮。”果然，按照马博士的方法去做，没几天两匹马膘肥体壮，卖了好价钱。这个策略就叫做：不要让两匹千里马一个槽吃草，不要安排两个能人同时做一件事。如果安排他们同时做一件事，他们明着不争暗里争，就算他们自己不争，他们的下属、他们的粉丝还要争呢！所以一定要把他们分开。铁路警察，各管一段。

大家注意，《水浒传》中也有这种智慧。你看，每次开兵打仗，都是宋江带吴用领一支人马，卢俊义带朱武领另一支人马。这就叫做两匹千里马不要在同一个槽头吃草，两个英雄不要同时做一件事情。

管理智慧箴言

两匹千里马不要在同一个槽头吃草，两个英雄不要同时做一件事情。

大家注意，这个策略还有另一半。话说农场的老爷子把马卖了，养了两只小猪，本来准备养肥了卖钱，结果过了些日子就发现，这两只小猪也不吃东西，日渐消瘦。老爷子就急了，有问题找专家，就把朱博士给请来了。朱博士来了就急了，说你糊涂啊！猪圈又不是你们家客厅，你打什么隔断呢？老爷子说马博士让我分着养的，朱博士说，不对，别听他的！你一定要把隔断去掉，食槽合起来才行啊！老爷子就问了，这是为什么呀？朱博士说，你没听说吗？一个猪不爱吃，两个猪争着吃，三个猪抢着吃，一群猪往死里吃。只有在竞争中，才能增加他们的食欲，促进他们的成长啊！老爷子一拍大腿说，嗯！有道理啊！果然，合了食槽后，小猪吃东西你追我赶，没几天，膘肥体壮又卖了好价钱！老爷子卖了钱，开始反思了，两个专家，一个说分，一个说合，那到底是分还是合呢？想不出来怎么办？最后开了一个猪马论坛，经过讨论，专家得出了一致结论——看对象。

对于不能干也不想干的员工，一定要让他们好几个人负责一个任务，在竞争中促进他们成长；而对于能干又想干的千里马型的员工，就得把他们分开，让他们一人一摊活。这个策略就叫做分槽喂马，合槽喂猪。

诸葛亮主动要求留守，把进川的任务留给庞统一个人担当，这个做法是非常有技巧的。一方面从战略上考虑，需要有人留守看家；另一方面从人事上考虑，选择和庞统分开，各管一路，这有利于发挥各自的作用，共同为实现整体目标作贡献。

有才华的人性格往往怪异。庞统是不爱做小事的人，法正心胸有点窄，还有一个才子在刘备的团队中也属于相当另类的人，此人叫刘巴。刘巴的特点是心高气傲瞧不起人，而且直接瞧不起的就是刘备本人。对于这样比较傲慢的才子，诸葛亮是如何管理的呢？这就引出了诸葛亮的第三个人才策略，叫做筑巢引凤。

策略三

筑巢引凤

刘巴，字子初，零陵人，少有才名。荆州牧刘表屡次要聘用他，都被拒绝了。

赤壁之战前夕，曹操到了荆州，和刘备对峙，以诸葛亮为代表的地方才子，投奔刘备的非常多，唯独刘巴比较另类，舍了刘备却投了曹操。

刘备对刘巴有五恨，这第一恨就是当荆州人才人人俯首、个个归心的时候，刘巴却舍弃自己，投奔曹操。

刘巴，汉末荆州零陵烝阳(今湖南邵东)人，字子初，是荆州世家名人。刘巴才名昭显，刘表、刘璋、曹操都想招揽他做为下属。刘备入川后也抛弃前嫌，重用刘巴。刘巴清廉守己，为蜀中重臣。

这第二恨是：刘巴不光自己投奔曹操，而且还代表曹操到南方招降长沙、零陵、桂阳三郡，企图抄刘备后路，幸好火烧赤壁，曹操战败北归，刘巴才没有得手。

这第三恨是：曹操失败以后，刘巴正好在零陵，诸葛亮当时也在零陵，孔明比较大度没有记恨刘巴，而是捐弃前嫌，写信给刘巴希望说服他归顺，结果被刘巴断然拒绝。史书记载："先主深以为恨。"

这第四恨是：后来，刘璋迎刘备入川，这个时候刘巴已经成了刘璋手下，他又站出来和刘备作对，说刘备是枭雄，来了就要出问题。等到刘璋派刘备去葭萌关抗击张鲁，刘巴又阻止说："如果让刘备讨伐张鲁，就是把老虎放到山林里啊。"

这第五恨是：刘备包围成都，很多人想归顺，刘巴却支持刘璋拼死一战！

刘备手下恨刘巴的人可不在少数。占领成都以后，刘备生怕手下人要了刘巴的性命，提前在军中下令，"有伤害刘巴性命的，要全家抵命。"后来刘巴终于归降。

在所有三国人物里边，能这样完全彻底、义无反顾地和刘备对抗到底的人才，恐怕也找不到第二个人了。连刘备自己都很纳闷，想不明白刘巴为什么这样反对自己。

后来有一件事情让刘备终于找到了原因。有一次，张飞和刘巴套近乎，来见刘巴，刘巴居然大模大样地往那里一坐，根本就不搭理张飞，张飞十分愤怒。

诸葛亮对刘巴说："张飞虽然是军人，但是敬慕您刘先生。现在我们主公收合文武，以定大事，团结一心是很重要的。您先生应该别那么清高，也和他们交往交往啊。"

刘巴却傲慢地说："大丈夫处世，当交四海英雄，怎么能和这些粗

人大兵共语呢？”

大家注意，在汉代，读书人是很清高的。他们往往瞧不起出身贫寒的普通人，更瞧不起舞枪弄棒没有什么文化的军人。

从对张飞的态度中，我们看出来了，刘巴之所以这么反对刘备，原因很简单，用现在的话说，就是看不上刘备出身卑微，还有就是没有高学历。

就是这么一个趾高气扬、目中无人的刘巴，诸葛亮却十分推崇他。史书上说，亮曰：“运筹策於帷幄之中，吾不如子初远矣！”

对于刘巴这样的人该怎么管呢？刘备给了宽容、给了待遇、给了职位，但是刘巴仍然不为所动。

我们经常听身边的人说，“在一起这么久了，我把心都掏给他了，他怎么就不感动呢！”其实，道理很简单，了解一个人就是了解他的需求，感动一个人就是满足他的需求。了解需求，满足需求，这个人自然就会死心塌地跟你在一起。

管理智慧箴言

了解一个人就是了解他的需求，感动一个人就是满足他的需求。

那么像刘巴这种清高的人到底需要什么？我们可以从一个典故中看到奥妙。

《庄子·秋水篇》记载了一个典故，说惠子相梁，就是说惠子在梁国当宰相，庄子去看望他。有人告诉惠子说：“庄子到梁国来，想取代你做宰相。”于是惠子非常害怕，在国都搜捕了三天三夜。庄子前去见他，对惠子说：“南方有一种鸟，它的名字叫鹓雏，你知道它吗？鹓雏从南海起飞飞到北海去，不是梧桐树不栖息，不是竹子的果实不吃，不是甜美的泉水不喝。在这时，一只猫头鹰拾到一只腐臭的老鼠，鹓雏从它面前飞过，猫头鹰仰头看着它，怕它抢食，发出‘吓’的怒斥声。现在你也想学那个猫头鹰，用你的梁国来‘吓’我吗？”惠子听后很惭愧。

在这个典故当中，庄子就是清高才子的典型代表，他把高官厚禄、荣华富贵看得和腐败恶心的臭肉一样，根本不屑一顾。他需要的是梧桐树，是竹子的果实和清甜的泉水。

什么是梧桐树？就是有意义的职位和崇高的事业；什么是竹子的果实和清甜的泉水？就是清廉、恬淡而充实的生活。

刘巴也是这种人，他需要的不是感情，不是职务。刘巴这种才华横溢、清高自持的人才，最需要的是一份能充分发挥才能，让他感到有意义的事业，这个叫做筑巢引凤，即用一份有意义的事业留住人才。

诸葛亮对刘巴这种人才的基本策略就是：“抬起来，不打扰。”

首先把他放到自己最擅长的岗位上去，充分发挥，放手使用。在诸葛亮的建议下，刘巴在蜀汉政权里先担任了尚书，后来在法正去世后，又担任了尚书令的高官，主要负责政府工作。那有人就说了，刘巴以前和我们那么作对，万一给了他职务，他乘机造反搞阴谋怎么办？其实刘巴这样的人，不是阴谋小人，有问题也会爆发在当面，所以根本不必担心他搞小动作。你越信任他、尊重他，他越不会做出格的事情。而且，一旦把老百姓的事情交给他，他就算辜负领导，也绝不会辜负事业、辜负老百姓的。

其二，就是让刘巴有充分表达自己的机会。《三国志》上说：“先主称尊号，昭告于皇天上帝后土神祇，凡诸文诰策命，皆巴所作也。”

就是说蜀汉立国，相关的重要文件全是刘巴写的。一开始，我们都以为蜀汉立国，是诸葛亮一手操持的，孔明文笔又那么好，肯定重要文件都是孔明先生自己写的，其实根本不是。

为什么让刘巴写呢？让刘巴写有三个好处：

一是吸引人才，刘巴是清高的大才子，由他来写，可以吸引更多平时吸引不来的人才，加入蜀汉事业。

二是显示胸怀，连刘巴这么死硬的对手，最后都为蜀汉写立国文书了，你看看，我们的事业是多么有号召力啊！

三是增加投入，把这么重要的任务交给刘巴，让他充分发挥自己的才华，就能提升他对我们事业的认同，他以后会更加努力地工作。

刘巴这样的干部，还有一个很典型的特点，就是不喜欢平时你来我往的应酬。

今天，很多人都喜欢下班以后大家在一起聚一聚，吃饭啦，喝茶啦，结伴自驾游啦，或者小饮几杯，或者去高歌一曲，这样一来，生活丰富多彩了，彼此的感情也融洽了。

但是，像刘巴这样的人最不喜欢的就是这种应酬。这是他的性格，也是他的生活方式。作为领导，要理解和尊重他们，不可以强求。

这一点，孙权有一段话说得很好。《三国志》裴注记载，曾经有一次，张昭和孙权议论刘巴，张昭说刘巴这个人太傲气，看不上别人，连张飞这样的大人物都敢怠慢，太过分了一些。

孙权却说：“要是让刘巴结交俗人，取悦领导，他还能被称为高士吗？”可以说，孙权说到点子上了。

狼行成群，虎行落单。凤凰的巢穴就是要高一些，不和其他的鸟混杂。高人，往往也是人际关系比较淡薄的人。我们切不可一味强求，更不能以他不爱参加应酬为依据，就评价他为人处世有问题。

诸葛亮准确地抓住了庞统、刘巴这样的特殊人才的特殊心理，为刘备争取到了宝贵的人才资源。

刘备要进兵西川，新的问题就产生了：西川道路崎岖，山川险要，而且没有敌人的兵力分布图，怎么办？进川之前，最需要的就是一张详细的西川地形图。人要走运的时候，真是想什么来什么，就在刘备和诸葛亮、庞统等人开始惦记西川的时候。地图自己送上门来了。

有人说了，地图又没有长腿，它是怎么自己送上门的呢？这就引出了诸葛亮的第四个人才策略，叫做躬身接水。

策略四
躬身接水

《三国演义》中有一段佳话，话说常胜将军赵子龙这一天忽然接到将令，派他前往许昌过来的路上去接一位贵客。子龙将军纳闷呀，曹操刚被我们打败，从他那里能来什么贵客呢？孔明先生交代说是西川来的，子龙就更纳闷了，西川来的客人，怎么会从许昌那边过来？这个道绕得也忒远点了。

赵云带着满腹狐疑，带了五百军马，来到了荆州边界，专等贵客到来。那个年月，通信手段不发达，根本没有我们今天的手机，打个电话说我到涿州啦，还有半小时进北京，你在西客站南广场等我啊。这多简单。可是那个年头没有这些，根本没办法和客人联系，只有一个字——等！

赵云（?—229 年），三国常山真定（今河北正定南）人，字子龙。初从公孙瓒，后归刘备。曹操取荆州，刘备败于当阳长坂，他力战救护甘夫人和刘备儿子刘禅。他曾以数十骑拒曹操大军，被刘备誉为“一身都是胆”。

赵云耐心等了几日，忽然前边报信的军校来报，客人来了。赵云急忙整顿身边五百军马，整整齐齐列开阵势，自己则催动胯下马往前边迎上来。

赵云见的人可以说是不少了，但是见到对面来的这个人，还是被惊了一下。只见这个人生得五短身材，身高不满五尺，赵云身高八尺，对方只有赵云的一半多一点，往脸上看，长得尖脑袋窄脑门，鼻子朝天牙齿外露，样子有点滑稽，活脱好像《封神演义》里边的土行孙。

不过赵云是有分寸的人，虽然被对方的样子给“雷”了一下，依然规规矩矩下马插手行礼。您猜这个来人是谁？是什么人能让赵子龙这样恭恭敬敬呢？

这个人可了不得，他在三国时期，是一个承前启后的人物，对刘备集团后来的发展产生了至关重要的影响。

他的名字叫张松，字永年。这次张松其实并不是到荆州来见刘备的，而是到许昌去见曹操的。他给曹操带去了两份厚礼，一份是刘璋送给曹操的，刘璋为什么要送礼物给曹操呢？因为汉中张鲁要起兵攻打刘璋，刘璋希望能借助曹操的势力对抗张鲁。另一份礼物呢，则是张松个人给曹操准备的。有人说了，张松和曹操是旧相识吗？不是！是同乡、邻居、大学同学吗？也不是！那张松大老远给曹操准备什么礼物呢？这个要从张松目前的处境说起。

张松(?-212年)，字永年，蜀郡（今四川成都）人。东汉末年益州牧刘璋部下，官至益州别驾。刘备入蜀时曾与法正、孟达等人一同密谋归降刘备。后企图劝刘备进兵，事发后被刘璋所斩。

张松是个有才华有大志的人，比较有野心，但是在刘璋手下只做了一个小小的谋士，他很不甘心，而且他看到刘璋这个人软弱无能，没什么出息，跟这样的领导混，能有什么前途呢？在大树下边，至少能长成小树；在小草下边，只能长成苔藓。张松下定决心要跳槽，另

投高人，寻求更大的发展，他相中了曹操。为了获得曹操的认可，他给曹操准备了一份大礼，什么大礼呢？就是整个西川的军事地形图。

各位，这个图的意义非同小可！当时的西川，地形复杂，道路艰险，加上刘璋父子经营多年，可以说易守难攻，很多地方别说打仗，连进攻的路都找不到。有了这张军事地形图，就可以减少很多周折，保证在最短时间内占领西川。

张松表面上是刘璋的使臣，给刘璋做说客，其实是带着地形图这份大礼，给自己做说客。他满以为曹操会热情接待自己，没想到，竟然在许昌受到了空前的冷遇。曹操因为张松相貌丑陋、态度傲慢，根本就不理睬张松，最后还给张松来了一个乱棍打出！

张松本来是抱着热火罐来的，结果什么都没捞到，反而白白遭受了一番侮辱，用老百姓的话说，真是热脸贴了冷屁股！张松又气又恨。于是他带着地形图决定到荆州碰碰运气。这一下他可来着了。

在饱受了一番冷遇以后，猛然见到赵云的热情迎接，张松心里真有点感动了。

赵云对着张松插手施礼说:“我奉主公刘玄德之命,特来迎接先生。想必您一路鞍马劳顿，一定也饿了，在下略备了酒菜，请先生先吃一点再走吧。”说罢，有军士跪奉酒食，赵云双手敬上美酒。张松美美地来了一顿野餐，感觉那叫一个舒服啊。

吃好后，赵云陪着张松继续赶路，天黑时分来到荆州馆驿门外。张松正要下马，只见对面闪出一员大将，在张松马前施礼，说：“关云长奉大哥将令，特来迎接先生大驾，请您下榻安歇。”张松抬眼往关羽身后看，只见驿馆内外悬灯结彩，大红灯笼高高挂，见张松下马，对面立刻鼓乐齐鸣，百十号人夹道站立，齐声喊着“欢迎欢迎，热烈欢迎！”这是国宾级待遇啊！

如果说刚才见赵云的时候，张松的心里是那叫一个舒服；那现在见到关羽时，张松的心里已经升级为那叫一个热乎了。

在众人的簇拥之下，张松踩着鼓乐声，跟驾云一样走进了馆驿。这一宿觉睡得很，张松在梦里乐醒了好几次。

第二天吃了早点，刘备引着诸葛亮、庞统亲自来接张松，一直接到帅府，分宾主落座，接着又是大排筵席。酒席宴上，刘备、诸葛亮等人只说闲话，谁也不提起西川之事。

倒是张松有点忍不住了，他有意引导刘备说起西川之事，但是每次都被刘备用言语支吾了过去。张松怀里揣着宝贝地形图，就如同一个足了月份的孕妇，就等着人家来接生，可偏偏这些人谁也不出手，你说急人不急人。

如此一连三日都是每天宴席，谁也不提西川之事。张松告辞要走，刘备带着诸葛亮等人到十里长亭设宴送行。这次刘备发挥了自己的长项，他举着酒杯说："三天时光转瞬即逝，今日相别，不知何时再得相见"说着，禁不住潸然泪下。

此刻张松内心所有的徘徊和疑虑都被眼泪融化了，他一咬牙一跺脚，终于主动献出了西川的地形图。刘备略展一看，上面地理行程、道路远近、山川险要、府库钱粮，写得是清清楚楚。刘备拱手说："先生啊，青山不老，绿水长存。他日事成，必当厚报。"说罢作别。孔明命关云长等护送数十里方回。

一出张松献地图的大戏，终于画上了完美的句号。

各位，从派人去成都打探到张松去许昌，到安排人远接近迎，再到准备宴会，照顾生活，一直到最后安排关羽把张松送走，诸葛亮在这出戏中扮演了总导演的角色，用了三天时间，赢得了西川奇才张松的信任和忠诚，而且还得到了宝贵的地形图，最后张松为刘备入川献

出了生命，这是后话。

为什么这么短短的三天时间，刘备集团就能赢得张松如此的忠诚呢？这个问题值得我们好好分析一下。张松这个人的心理和一般人可不一样，他自幼貌丑，饱受别人的冷眼和奚落。长大以后，虽然发奋学习，饱读经典，练成了过目不忘、一目十行的本事，但是依然得不到应有的尊重和信任，可以说张松的心一直是压抑的、蜷缩的，他一直渴望能顶天立地站起来，能得到周围人的尊重甚至敬仰。他之所以献图给曹操，就是希望能从曹操那里获得这些东西。但是曹操给他的只有和过去一样的冷落和蔑视。

就在张松最苦闷的时候，刘备出现了，带来了张松最需要的东西——尊严，张松一下子就被征服了。这个现象就叫做需求驱动，也就是说一个人最需要的东西，就是最能打动他的东西。

诸葛亮准确地抓住了张松的心理，为刘备争取到了宝贵的机会。

同时，诸葛亮还很好地向我们展示了一个策略，就是如何从别人那里得到你想要的东西。怎么做呢？一个字——敬。在人才面前低姿态，是刘备或者诸葛亮共同具备的一个非常一致的优点。

关于低姿态，我想做一个比喻。一个茶杯，要想从茶壶里得到水，杯子的位置就一定要比茶壶低。即使是七宝夜光杯，要想从破瓦壶里得到水，杯子的位置也要比壶低！

管理智慧箴言

一个茶杯，要想从茶壶里得到水，杯子的位置就一定要比茶壶低。

做人也是一样，我们每个人都需要从别人那里得到帮助，学到东西。如何做到呢？就是要把自己的位置放低一些。只有低姿态一些，才可以得到更多，学到更多。假如我们一上来就觉得，这个人没什么了不起，他说的这些我全懂，我比他强多了。这样的话，就无法从对方那里学到任何东西。骄傲使人停顿甚至退步，道理就在这里。

世界上有很多墙，有墙的地方一定也会有门。什么人过不去这个门呢？就是那些把自己看得很高很大，成天趾高气扬的人，他们一定过不去这个门，而且还有可能被撞得头破血流。

做人做事一定要懂得低姿态。面对石墙，躬下身来，能从门中顺利通过；手拿茶杯，躬下身来，能接到清香的茶水。低姿态，是一种境界，也是一份智慧。刘备得到地图靠的就是这个。

有了诸葛亮、庞统的鼎力相助，加上张松为内应，地图做向导，刘备终于有了大展宏图的机会。不过，占领西川谈何容易，西川之地，刘璋父子经营多年，百姓归心，文臣武将能人辈出，要占据西川，首要的不是占地盘，而是收拢人心。那么，诸葛亮是如何运用赏罚策略收拢人心的呢？请看下一讲。

第四讲 宽严结合成大事

公元 214 年，初夏的成都城一派“山雨欲来风满楼”的紧张气氛。刘备大军破雒城、占绵竹，长驱直入，兵临城下。眼下，益州牧刘璋唯一的希望就是汉中的救兵快快到来。忽有人报，说城外有人马来了，刘璋连忙上城观看，却见城下来了一员大将，面如敷粉，细腰身，宽肩膀，白袍银铠，手执长枪，您猜来人是谁？他就是三国当中有名的上将马超马孟起。刘璋看到马超高兴了，为什么呢？因为刘璋和汉中的张鲁商量过了，由马超带领汉中一支军马来救成都，现在救星总算来了！

刘璋正要安排人打开城门欢迎救星，却万万没想到事情突然之间就起了变故！只见马超在城下拿鞭子指点刘璋说：“我今已归降刘皇叔。公当速速投降，避免生灵涂炭。如果再执迷不悟，我就要攻城了！”

这话对刘璋犹如晴天霹雳，转眼间救星就成了灾星。刘备就够难对付了，再加上一个马超，这可如何是好。刘璋当时面如土色，一下子就昏倒在城墙上。

身边的众将把他救回到府中。于是，在刘璋的办公室里，一场何去何从的激烈争论就展开了。

刘璋手下的益州太守董和是个主战派，他说："我们城中尚有兵三万余人，钱帛粮草可支一年，绝不能投降。"

谋士谯周却说："最近流行的童谣说，若要吃新饭，须待先主来。投降正合天意，我们不可逆天道。"

一番话说得另外两个主战派黄权和刘巴大怒，上来要杀谯周，刘璋连忙给挡住了。正在混乱之际，那边又传来消息，说蜀郡太守许靖关键时刻起了二心，居然要跳城投降刘备。刘璋的脑子一片混乱，大哭着回了内宅。

大家注意，早在"隆中对"当中，诸葛亮就给刘璋下结论了，说刘璋暗弱。什么叫暗？就是没有远见，缺乏洞察力；什么叫弱？就是性格软弱，缺乏决断力。诸葛亮真的没有说错刘璋。

刘璋（?—220 年），字季玉，江夏竟陵（今湖北潜江）人。东汉末年三国时代割据军阀之一。继父亲刘焉担任益州牧，后为刘备所败。后于建安二十五年（公元 220 年）病逝于荆州。

大家看看，刘备是刘璋请来的。用现在的话说，相当于请了一个分公司经理来帮自己抢市场，结果市场没抢成，总公司反而被人家给夺权了。危机时刻，打没决心，降也没决心，手下那么多能人一个也用不上，就剩下放声大哭了。

这就是中国俗话说的：兵熊熊一个，将熊熊一窝。拿破仑也说过：一头雄狮带领的一群绵羊，可以打败一只绵羊带领的一群雄狮。

就刘璋这位近视眼的绵羊，你给他再优秀的雄狮也没有用。最后，刘璋哭了半宿以后，第二天终于开城投降。至此，诸葛亮在“隆中对”中提到的立足荆州、占领益州的战略目标完全实现。

不过胜利之后，往下的戏却不好唱了。为什么呢？我们来分析一下。

刘备借机占西川，用咱们老百姓的眼光看，其实相当于一家人过好日子，担心有劫匪来抢劫，所以就请邻居过来帮忙看场子，结果劫匪没来，邻居却做了劫匪，把家里东西都霸占了。孩子们哭着喊着要和他拼命，可是性格软弱的家长却说算了，就让给他吧。您想想，就算家长愿意让，那些气红了眼的孩子们谁肯罢休？

刘备和诸葛亮占领了成都之后，遇到的正是这个问题。

我们来估算一下兵力：刘备起兵入川有两万多人，从葭萌关一路打到成都，扣除战斗损失的，还有分出来沿路占领各个州城府县的，到了成都城外，兵力所剩最多也就一万多，诸葛亮从荆州带来 25 000 人马，按照同样的估算，到成都城下能有 15 000 也就不错了。外加一些降卒，再加上马超接近 20 000 人的部队，刘备、诸葛亮包围成都的时候，部队总人数多说也就五万人，而且这五万人里张鲁的降卒、刘璋的降卒又占了三分之一。

再看刘璋，前边说了，成都城里有精兵三万，粮草充足，训练有素，熟悉地形又有群众基础，加上董和、黄权、刘巴等忠心耿耿的将领，这个实力是不容小看的。

就算刘璋投降了，刘备和诸葛亮进了成都，万一这些刘璋手下的兵将要闹起来，局面也是不堪设想的。

蛇吞大象，吞下去容易，消化起来可就难了。什么叫成功？胜利以后还要有下文，这才叫成功。所以，占领成都以后的局势给诸葛亮提出了巨大的挑战。

其实，做事情从来都是这个样子，分好分，合却不好合，搞不好就会出大问题。我们看到过很多的例证，有太多的公司，都是在合并的过程中两败俱伤的。

那么如何消化西川这块难嚼的肉饼呢？诸葛亮和刘备共同策略了一个方案。什么方案呢？就是要稳定局面，先稳定人心，要稳定人心，先稳定干部队伍。通过一系列的人事策略，先把干部队伍稳定住了，那整个组织也就有了“定海神针”。这个经验非常值得今天的各级管理者借鉴和学习。

那么，这么一大群干部，有反对派，有投降派，有荆州的，有益州的，有原来的红人，也有现在的亲信，真是五花八门，究竟应该用什么策略把他们管好呢？

策略一
由远及近，先严后宽

刚进成都，诸葛亮就对刘备说：“现在西川已经平定，一个城里难容二主，需要将刘璋送去荆州。”

刘备说：“我们才得了蜀郡，立刻就让刘璋走，恐怕不太合适吧。”

诸葛亮说：“刘璋就是因为软弱才丢了西川，现在主公你要学他，心软误事，临事不决，恐怕我们也难以长久。”

于是刘备按照诸葛亮的安排，任命刘璋做振威将军，又设了一个隆重的欢送宴会，把刘璋全家老小都送到南郡去了。诸葛亮采取的这个做法是非常英明的。

新领导上任了，原来的领导不管是提拔了，还是退休了，都应该赶紧交接离开，这是基本原则。否则，两个领导都在，那咱们这个单位到底谁说了算？群众听谁的？而且就算老领导支持新领导工作，万一有人打老领导的旗号出来闹事怎么办？到那个时候就说也说不清楚了。稍有不慎，就会伤了和气，搞不好，还会出大事。

所以，诸葛亮把刘璋送走，既是为了维护刘备，其实也是为了维护刘璋。现在走，大家还有和气在，还有面子在。

送走刘璋以后，诸葛亮拟定了一份新的干部名单。《三国演义》第六十五回对这份名单有一个详细的记载。原文是这样说的：“玄德自领益州牧。其所降文武，尽皆重赏，定拟名爵：严颜为前将军，法正为蜀郡太守，董和为掌军中郎将，许靖为左将军长史，庞义为营中司马，刘巴为左将军，黄权为右将军。”

各位，定西川之后的封赏名单中，有名有姓的，合计四十多人，前二十六个，全是刘璋的旧部。封完了以后，才开始封赏原来的荆州团队。特别是第一批任命的七位干部当中，我们看到了三个刺眼的名字，就是当初三个强硬的主战派董和、刘巴、黄权，这三位全在第一批任命之列，而且给的待遇很高，一个掌军中郎将，一个左将军，一个右将军。

当初进成都城的时候，众文武都来归顺，唯独刘巴、黄权闭门自守，不来归降。诸将愤怒，要取二人性命，刘备还曾为此下过军令，谁敢伤害这两个人，就要诛灭三族！

为什么对这些曾经的敌人和反对派要高看一眼呢？这就是策略。给待遇的时候，先封赏和自己有过节、闹过对立的人，先公公正正给他们一个待遇，然后再给自己人，这一招叫做“给待遇由远及近”。它是一个非常有效的稳定人心的方法。

这个策略为什么管用呢？我们举个例子，比如幼儿园老师分苹果，老师说：“小朋友们吃苹果啦！”小朋友们一下都挤过来了。老师说：“排队排队。”可是孩子们都急着要吃，没人排队，现场乱作一团，怎么办？老师有办法，拿起一个苹果对角落里那个平时表现一般，最近还挨过批评，正在那儿抠鼻子的小朋友说：“大家看，牛牛最乖，我先给牛牛。你们谁听话好好排队，我就给谁苹果。”这样一来小朋友们一定会排队，大家一边排队，一边看牛牛和他的苹果，因为看着牛牛，就得到一个信息。什么信息呢？就是：连这么差的人都分到这么大的苹果，我再差也比他强。于是大家心里都有了底，自然就好好排队了。相反，各位想，老师发苹果，小朋友们都急着要吃。老师专门挑一个大的，给长得最漂亮、平时表现最好的妞妞说：“来，宝贝，这苹果是给你的。”这下可坏了，很多小朋友就得到一个信息：“只有表现成那样才有机会吃苹果，看来我们没机会吃了，哼！我吃不上，你们也吃不上。”于是几个孩子一使劲，把苹果框给掀到地下去了。

所以，给待遇一定要注意顺序。尤其是时间紧，人员多，大家又都急着要，我们一定要先给心理距离远、交往不多、看着不顺眼、甚至有过节的人，先给这些人一个公正的待遇，这样就可以让所有的人都安心。

诸葛亮封赏董和、黄权几个人的高明之处就在这里。它让所有人都得到一个信息：连这么死硬的反对派，都能得到应有的待遇，我们还急什么。

这样一来，争的不争了，抢的不抢了，组织就安然度过了第一次人事危机。

做完干部工作，诸葛亮接着又拟定了治国的法令条例。《资治通鉴》等史书记载，诸葛亮定的刑罚比较重，法正就提建议说：“当年高祖刘邦入关中约法三章，黎民百姓都感恩戴德，希望军师把刑罚放宽一些，以争取民心啊。”

诸葛亮回答说：“您的意见是只知其一，不知其二。当年秦用法暴虐，老百姓心生怨恨，所以高祖用宽仁就能得民心得天下。而眼前，我们的形势却大有不同。”

那么有什么不同呢？《资治通鉴》记载，诸葛亮说了一段非常高明的话，这段话里边包含着管理理论的精髓。

原文是“宠之以位，位极则残；顺之以恩，恩竭则慢。所以致弊，实由于此。吾今威之以法，法行则知恩；限之以爵，爵加则知荣。恩荣并济，上下有节。为治之道，于斯著矣。”

这段话什么意思呢？主要的意思是说：刘璋暗弱无能，管理不严，制度残缺。搞管理不能一味靠恩宠收拢人心，你总提拔他、总奖励他，给习惯了他并不感恩，一旦没了，他就会产生怨恨。西川管理的弊端都是从这一点上来的。我现在先推行法制，法度是严格的，他被表扬了，才知道感恩；待遇是有限的，他得到了，才会感到光荣，

这个策略叫做先严后宽。人性有一个基本的特征就是：由坏入好易，由好入坏难。比如穷人变富比较容易接受；富人变穷却很难承受。管理也是一样，一开始严厉些，以后慢慢变得宽和些，正好比由穷入富，人人会称赞领导的仁德。如果相反，一开始宽厚，以后越来越严厉，正好比由富入穷，必然会导致人人怨恨。

管理智慧箴言

人性有一个基本的特征就是：由坏入好易，由好入坏难。比如穷人变富比较容易接受；富人变穷却很难承受。管理也是一样。

如果把人的一生分成两半，你随便问一个人，是愿意前三十年富后三十年穷呢，还是愿意前三十年穷后三十年富呢？我估计所有的人都选择后三十年富。人跟人打交道也是这样，一开始对他特宽，以后你要想严，就严不起来了。

你把大家叫到一起："咱们大家做事都是靠缘分，大家在一起都是哥们儿，工作是次要的，主要是人人开心，我不会为难你们的，只要大家努力就行了！"结果到了11月份，年底了，再冷着脸上来："今年谁谁谁没完成指标的，我告诉你，完不成的话该免职的免职，该扣工资的扣工资。现在就通告批评。"但是当你走出会议室后，所有人都觉得你是笑面虎，是伪君子。"表面上对我们这么好，你看看现在是什么态度！"大家都会恨你。但如果一开始当领导的时候，你冷着脸说："我们工作是工作，感情是感情。虽然关系很好，但是完不成任务，我是要痛下杀手的。"最后，年底评比时，你说："大家辛苦一年也都不容易啊！也就剩下这么两天了，该完成的完成，完不成也没事。"相信全场会报以热烈掌声，大家觉得这人真好，虽然平时凶狠但其实还是有点人性的啊。所以，人都是喜欢先严后宽。如果你一开始跟大家特亲密，勾肩搭背称兄道弟，那么以后制度就没法执行了，行动空间也会特别的小。所以脸要逐渐缓和，当领导要从冬天到夏天，这叫做先冷后暖。刚开始的时候要求要严格，措施要严厉，随着时间的推移，可以适当有所缓和，个别条款可以有所放宽。

在给完待遇以后，紧接着要做的就是人员安排的问题。诸葛亮运用了几个有趣的技巧，值得我们分析一下。这些技巧是什么呢？我们把它总结一下，叫做“上敬下威，重用分开。”

策略二
上敬下威，重用分开

在刘备占西川的过程中，有一个人起了重要作用，他就是刘璋的军议校尉法正。平定西川以后，法正被刘备任命为扬武将军、蜀郡太守。《三国志》记载，这位法正先生“凡平日一餐之德，睚眦之怨，无不报复。”意思就是说，法正一旦发达了，过去的小恩小惠和过去的小仇小怨都记得清清楚楚，报恩的报恩，报仇的报仇，一点宽广的胸怀也没有，而且表现得有点过分了。

法正(公元 176—220 年)，字孝直，扶风郿（今陕西省眉县东北）人。东汉末年名士，本为刘璋部下，刘备入蜀时归于刘备帐下。公元 219 年，刘备自称汉中王后，封法正为尚书令、护军将军。次年，法正去世，终年四十五岁。

有人就到诸葛亮这里汇报，说："法正太强横了，应该批评教育他一下。"

诸葛亮怎么说呢？《三国志》原文是这么写的，孔明先生说："昔主公困守荆州，北畏曹操，东惮孙权，赖孝直为之辅翼，遂翻然翱翔，不可复制。今奈何禁止孝直，使不得少行其意耶？"

意思就是，我们主公当年困守在荆州，北畏曹操，东怕孙权，全靠法正辅佐主公有了这么大的成就，我们就不要禁止人家做自己愿意做的事情了。你看看，孔明不但没有批评法正，而且还捎带着表扬了法正一下。

诸葛亮为什么要这么做呢？有人说，是诸葛亮和稀泥，没有原则；有人说是孔明畏惧法正，不敢和法正起正面冲突。

其实，诸葛亮这么做不是畏惧，也不是没有原则。诸葛亮这么做是有道理的。道理有三个：一是法正当时是刘备的红人，刘备看法正特别的顺眼，特别的宝贝，那真是春天看着像花，秋天看着像果，夏天对着像冰，冬天摸着像火。一天到晚孝直、孝直地叫着，十分的亲密。如果诸葛亮刚刚掌握了政府工作的大权，什么事都不做，上来先收拾法正这位领导的红人，说轻了是不知轻重，说重了就是和领导唱对台戏。这样会极大影响班子团结的。

第二，法正有了那么多贡献，如果事业刚刚成功，就把人家给贬下去，周围人会怎么看，益州归顺的干部们会怎么想？大家会觉得你这不是卸磨杀驴吗？我不给你干了!这样就容易影响干部队伍的稳定，进而影响政权的稳定。

第三，法正不是糊涂人，也不是没有头脑、没有准则的人。法正的祖辈父辈都是优秀的知识分子，清高有才，人品学问都很好。法正从小受家庭的熏陶、父辈祖辈的教育，人品本质上讲都是好的。即使

有点过火，也是一时糊涂，根本没有必要小题大做，激化矛盾，只要稍加提醒，完全可以自己纠正。

正是抱着这样的态度，从班子团结、干部稳定和当事人的具体情况出发，诸葛亮才选择了温和的手段，面对法正的问题，不但没有批评教育，反而还表扬了几句，表扬中带着提醒。

孔明的话传到法正耳朵里以后，法正果然自己也收敛了。

这种方法叫做敬服。要让人服从，其实有两种方法：一种叫做威服，就是使用武力，使用强制力，甚至不惜用对抗的手段；另一种就是敬服，使用温和的方法，从正面讲，从肯定对方的角度讲。

诸葛亮运用的就是敬服的方法。对于那些层次高、有基础、本质不坏的人，一旦发现些小问题，我们都可以使用敬服的手段，这样舒舒服服就把对方的毛病改了。

比如，我们让家里孩子扫地，不要恶狠狠地吓唬他——你给我扫地，不扫就是懒虫！看看你一副慢慢吞吞的样子，又肉又磨，你整个一个肉夹馍！快干！

这样的方法不好，一方面给孩子贴上了不良的标签，让他自信心下降，觉得自己本来就很差，干脆破罐子破摔得了；另一方面又会让他感觉到，家长根本不是在帮自己，家长就是在找茬挑刺，于是他就会针锋相对，明明可以做也坚决不做！

相反，如果我们先肯定两句，说——今天作业写得不错啊，继续努力。另外腾点时间一起扫地吧？你上次扫的地特别好，干净整洁，我们大家都很佩服呢。这样一来，孩子不光地扫了，而且还满心欢喜，将来一定会培养出一个热爱劳动、有自信心的好孩子。

从管理上讲，温暖的手段永远要比冷酷的手段更有效，说的就是这个道理。所以威服不如敬服——用温暖的手段让人服。

荆州干部中还有一个人，也引起了孔明的格外关注，他的名字叫许靖。刘璋投降前，许靖是前任蜀郡太守，而且当时的舆论评价他“倜傥瑰玮，有当世之具，当以为指南。”意思就是说许靖风流倜傥，才华横溢，有很多优点，可以成为一个人才的标杆。用现在的话说，许靖属于偶像派、实力派结合的人物，有很多粉丝啊。

许靖(？—222 年)，字文休，汝南平舆（今河南省平舆县）人。三国时著名人物，年轻时即为世人所知。后经刘翊推举为孝廉，担任尚书郎。后受到益州牧刘璋邀请，受任为巴郡、广汉太守，刘备入蜀后，担任要职，位列三公。

不过许靖的为人做事却欠火候，刘备进兵成都的时候，刘巴、黄权等人忠心耿耿，坚守岗位，一心报效刘璋。而许靖则选择了脱离岗位，偷偷跳城墙，跑到刘备这边来投降。

这件事情让刘备很反感。

后来许靖官封太傅，位子在诸葛亮以上，诸葛亮没有任何反对，并且带头对许靖恩礼有加，十分敬重。见面的时候甚至行大礼。

在蜀汉政权里边，诸葛亮只拜两个人，一个是刘备，一个就是这位许靖。

那么诸葛亮为什么会对许靖这么敬重呢？这也是一个策略，叫做“重而不用”。

我们经常讲重用，这个人要重用，那个人不可重用，其实重和用是两个概念，重是给地位、给尊重，用是给权力、给资源。

许靖虽然受到这么高的礼遇，连诸葛亮都要大礼参拜，身份是太傅，也算领导班子成员，但是你说他有权力吗？能调动部队、管理政府或者参与人事安排吗？不能。他没什么具体的权力。

那为什么让他进领导班子呢？因为他名气大、影响力大、号召力强，他进了班子，我们的知名度和美誉度都能顺势增加，这叫借光。如果把他排挤在外，那我们自己的声誉也会受影响。所以，对于知名度、美誉度很高，但是价值观不一致的干部，可以采取重而不用的有效策略。

许靖和法正都属于新招聘的外来干部，这类干部的管理很重要，但是不是特别敏感，处理不当调整一下就可以了。队伍中还有一类人，这类人的管理是不能出丝毫纰漏的。这类人是什么人呢？就是领导身边的亲信。他们在领导身边工作，关系近，水平高，有感情，有能力，对这类人的管理是相当敏感的。

现在就让我们看看诸葛亮是怎么管理这类人的吧。

策略三
近严远宽，罚上立威

说到领导的身边人，我们要提一提刘备的干儿子，此人名叫刘封。《三国志》说“刘封本罗侯寇氏之子，长沙刘氏之甥也。”刘封原来不叫刘封，叫寇封，刘备至荆州以后，收为养子。等到刘备入蜀的时候，刘封正是二十多岁年纪，武艺超群，气力过人，带兵与诸葛亮、张飞等溯流西上，屡立战功，取得益州以后，被任命为副军中郎将。

汉太守，刘备入蜀后，担任要职，位列三公。

刘封（?—220 年），东汉末年长沙（今湖南湘阴）人，刘备义子。刘封武力过人，性格刚烈，后因内叛败归成都，刘备责难之并赐死。

建安二十四年，刘备派遣孟达带兵进攻上庸，但又担心孟达不好管理，就派遣刘封到了孟达军中，与他一起进攻上庸。上庸战役胜利后，刘封升职为副军将军，和孟达一起就地驻守。

此后，刘封的骄纵之心渐长，犯下了三个大错：

一、《三国志》记载，关羽围樊城、襄阳，催促刘封、孟达发兵相助。但是刘封却推辞说上庸刚刚归附，无法派兵。关羽兵败被杀，客观上刘封是负有一定责任的，为此刘备很气恼。

二、刘封不顾大局，以势压人，与孟达不和，没有搞好内部团结，导致孟达最后投降了曹魏，西蜀遭受了很大的损失。

三、上庸守将申仪等人反叛，刘封没有防备，导致战败，丢了守地，只身败走成都。

有了以上这三个原因，刘备对刘封的不满已经积累到一定程度了。刘备很生气，后果很严重！

诸葛亮在对待刘封的问题上，态度十分强硬，就是要严肃处理，绝不姑息。一向温和的孔明先生为什么对刘封这么心狠呢？原因有两个，第一，刘封是亲信将领，如果连身边的人犯错误都无法处理，将来还怎么带队五，怎么教育别的下属呢？第二，刘封是领导的干儿子，现在已经露出了骄傲自大的特征，加上手里有兵权，万一将来闹出乱子来怎么办？中国人都相信祸起萧墙之内，意思就是身边人闹事，不受节制是最可怕的。由于这两个原因，诸葛亮坚持对刘封严肃处理。最后，刘备赐刘封自杀。

这个策略就是“近严远宽”。意思就是对身边的人要以严为主，要立天条，定规矩，违反了绝不姑息。为什么这样呢？因为身边的人，经常在一起，有的是机会沟通感情，怕的是时间久了，骄傲自满，没大没小，说不该说的话，做不该做的事情。一旦这样，就会出现三个可怕结果：一、矛盾激化，领导身边人出问题，闹不好就是祸起萧墙啊，容易引发大问题。二、声誉受损，群众会说，你看看你看看，什么领导啊，手下的人这么坏！咱们的组织交给这帮人，没前途。三、行为扩散，周围人都看着呢，说连领导身边的人都有那么多问题，咱们犯点错算什么，于是大家都行为无节制了，错误就会扩散。

所以高明的领导首先要管好的就是身边的人，什么司机、秘书、助手、干儿子、小舅子什么的，一定要立规矩，加强管理。

诸葛亮主张处理刘封，就是出于这样的考虑。

一个人要推行自己的主张，一套制度要想人人服从，首先要有足够的威严，让人人敬畏。那怎么立威呢？首先就是管好身边的人！

诸葛亮处理刘封，还体现了他治理西川的一个干部策略，叫做“罚上立威”。出了问题，把包括领导班子主要责任者处理了，一下子就树立起了制度的威严和管理的规范。相反，如果出了事情，推卸责任，只处理几个不大不小的小虾米了事，那下次可能就没人敬畏制度了，问题发展就会更严重。

我们来做个比喻，比如说我们要管理一群大象，让它们个个都服气，怎么办？你说开个会，大象下属们都在座，你这里威严地说：“我这个人是有原则的，谁违犯纪律，一定下狠手。”正说着话，一回头，看门口蹲着一个小蚂蚁，一把抓过，呵斥道：“哪个部门的？胆敢违反纪律，这还了得！”说话捏起小蚂蚁，一巴掌给拍扁了。你说大象会怕你吗？所有大象会拿鼻子挡着嘴，嘲笑说：“吼吼！就这点本事！”

相反，如果我们管一群蚂蚁，让它们服气，怎么办？开个会。蚂蚁都在座，你威严地说：“我这个人是有原则的，谁违犯纪律，一定下狠手。”说着话，抓过一个大象，二话不说，一巴掌给拍扁了，你说蚂蚁会是什么反应？现场蚂蚁会全体起立，伸着小拳头高呼：“支持领导！”

所以碾死蚂蚁给大象看，获得的是嘲笑；碾死大象给蚂蚁看，才能获得威严。这个策略就是“罚上立威。”

管理智慧箴言

所以碾死蚂蚁给大象看，获得的是嘲笑；碾死大象给蚂蚁看，才能获得威严。这个策略就是“罚上立威。”

说到这里我们就要反思一个口号了，叫杀鸡儆猴。大家想想，鸡大还是猴大，明摆着是猴大嘛。金刚、泰山、大马猴，撇着嘴往这儿一站，你说：“怕我啊，怕我啊！”上来抓一只小鸡，咔嚓给杀了，你说对面的金刚、泰山会怕吗？它们才不怕呢，它们会撇着嘴说：“呸，禽流感！”

你再想，一群小鸡站在对面，上来先处理一个金刚、泰山、大马猴，上来抓一个，咔嚓一刀就给杀了。那些小鸡怎么样？会腿一软脸一红，一人给你下一个蛋，当场就争取做贡献。

所以，要树立威严就要罚上，找根子深、脖子粗、脾气急、位子重的一个，一刀斩于马下，那整个队伍都会鸦雀无声、人人口服。

诸葛亮处理刘封，用的就是这个“罚上立威”的技巧。处理了有分量的，自然就树立了威信，增加了影响力，带队伍干工作就容易多了。

但是一个新的问题产生了，就是作为一个有那么大威信、有那么大号召力的二把手，诸葛亮如何和上级领导处理好关系？这个问题如果处理不好的话，说小了影响个人的发展，说大了就影响团队和谐稳定，搞不好要闹出内乱的。诸葛亮也遇到了正是中国古往今来所有位高权重的人都会遇到的问题，叫做功高震主。你能力太强了，名气太大了，达到了让领导不放心的地步。因为最有本事的人往往也是让上级最不放心的人。那么足智多谋的孔明先生是如何处理这个问题的？他采取了哪些策略？又遇到了什么新的困难呢？请大家看下一讲。

第五讲

能人如何不吓人

章武三年也就是公元 223 年的春天，63 岁的刘备病倒了，大夫检查说小毛病，拉肚子。病中的刘备躺在床上，脑海中常闪现这样一幅战斗场景：自己站在山头，放眼望去，只见山下一片火海，到处是铺天盖地的喊杀声，人和马的尸体填满了道路，铺满了江水。这个场景不是赤壁之战，而是几个月之前刘备亲自指挥的夷陵之战。

以前，刘备曾想过，这个曹操在火烧赤壁的时候是什么滋味呢？今天，他终于体会到这种滋味了。只不过当年烧曹操的是东吴的周瑜，现在烧他的是东吴的陆逊。

想着那惨烈的场面，还有一张张阵亡将领的面孔，刘备的心缩紧了，他甚至有时候都不敢相信，这样的惨烈失败，怎么会发生在自己的身上？

这一年是刘备当蜀汉皇帝的第三年。刚当皇帝的第二年，刘备就起兵四万联合南方少数民族，以为关羽报仇的名义对东吴宣战。不过，吞并东吴的雄心壮志，给刘备带来的是一生中最大的一枚苦果。这枚苦果苦涩得让他难以承受。

夷陵惨败，部队伤亡殆尽还损失了好几员大将。刘备只身逃脱，败走白帝城。到了白帝城，刘备就病倒了，一开始只是有点腹泻，大家都以为皇帝养养也就好了。但是没想到，在白帝城临时修了永安行宫，安顿下来以后，刘备的病却日益沉重，到了卧床不起、生活不能自理的地步。

刘备知道自己时日不多了，连忙把远在成都的诸葛亮招到永安，准备托付后事。

关于刘备托孤，在《三国志》、《三国演义》和《资治通鉴》上都有非常一致的记载。在病床前，刘备对诸葛亮说："君才十倍曹丕，必能安国，终定大事。若嗣子可辅，辅之；如其不才，君可自取。"

什么意思呢？就是"您先生的才华比那个称帝的曹丕还要高十倍，一定能把国家治理好！我这个儿子如果说得过去的话，你就辅佐他；如果不成才，你就自立做皇帝吧！"

一番话说得诸葛亮诚惶诚恐，他没想到刘备会这么说。而且在中国历史上，以这样的方式托孤的人也没有。那我们就要分析了，刘备为什么会这么说呢？

用咱们老百姓的眼光看，刘备托孤相当于老太爷咽气之前给账房先生交代后事，让儿子来继承家产，结果您猜猜这位老太爷怎么说？他说的居然是："你先生要看我儿子不行，你就甭搭理他了，这家产就归了你得了！"这也太离谱了点！恐怕没有哪个家长会这么托付后事。

那么刘备说这番话的动机何在，用意何在呢？我们考虑有两个情况：第一，这番话有刘备的真情在里边，他真的觉得国家交给谁都行，不一定非要交给自己的儿子，请诸葛亮治国那是国家的福分、老百姓

的福分。

第二，这番话暴露出了刘备的一个担忧，就是担心诸葛亮位高权重，名满天下，老百姓都很支持，而自己的儿子才刚刚十七岁，能不能领导这样一位重臣，能不能坐稳一把手的位子，一切都是未知数啊！

各位想想，以上两种情况，您觉得刘备属于哪一种呢？我倒觉得，应该两种都有一些，不过恐怕是第二种更多一点。

刘备的心理很复杂啊。他现在已经不惦记自己是怎么走的了，他惦记的是，自己走了以后，下一个来的是谁？

刘备说完这个话以后，孔明先生是如何回答的呢？他是不是说：“行！领导，听您的，我一定好好考虑考虑！”

真这样说就糟了！刘备这是在要承诺啊！孔明当然知道，他立刻就给了承诺。《三国志》记载，亮涕泣曰：“臣敢竭股肱之力，效忠贞之节，继之以死！”

意思就是说：“我一定竭尽全力辅佐幼主，死都不会有二心的！”而且史书中还用了一个词，叫做涕泣，就是说哭得很动情很伤心。

各位想想，诸葛亮为什么哭成这样？有人说是因为感动，感动刘备的信任，这个确实有。还有人说是因为伤心，伤心好战友刘备就要去世，这个也确实有点。

不过我觉得，诸葛亮的眼泪和刘备的话一样，也是非常复杂的。除了以上两点以外还有第三点，就是难过，难过的是共事这么多年，自出茅庐以来，自己兢兢业业、任劳任怨，真是让做什么做什么，从没有过二心，从没要过态度。但临了，刘备怎么还会这么想自己呢？做人也太难了。

其实诸葛亮遇到的正是中国古往今来，所有位高权重的人都会遇到的问题，叫做功高震主，你能力太强了，名气太大了，达到了让领导不放心的地步。

当下属难啊，领导让你干工作，你不干，他不甘心；你干坏了，他不开心；你干好了，他又不放心。

诸葛亮当时有三个身份，其一大权在握，大小政事，一人说了算，是一个权臣；其二，孔明又是一个有理想、有道义、人人敬仰的忠臣；其三，孔明还是业绩卓著、才干突出的能臣。

这三顶帽子，让哪个领导看了，不倒吸一口冷气啊！真的是功高震住、势大压主。尽管孔明主观上没有这个动机，但是客观上还是造成了这种局势。刘备白帝城托孤的话本身就是一个证明。

这个问题要是处理不好的话，直接结果就是君臣互相猜疑，爆发内乱，把到手的胜利成果都葬送掉。

创业成功后又把事业葬送在互相猜忌的内乱上，这样的例子太多了。

那么，作为一个有权力、有能力、又有影响力的“三力”型下属，如何处理好和上级的关系，如何获得上级足够的信任呢？我们分析一下会发现，从到刘备手下开始，诸葛亮就注意这个问题了，他很策略地运用了四个方法，比较好地解决了这个问题。

方法一 工作上摇扇子，生活上搭台子

说到这个策略，我们要说说刘备的家事。中国人都说本命年不好过，对刘备来说确实如此。刘备是属牛的，东汉建安十四年也就是公元209年是刘备四十八岁的本命年，还没等刘备从赤壁大战的胜利中回过神来，坏消息就来了，这一年刘备的结发妻子甘夫人去世了，撇下了三

岁的儿子。至此，在两年多的时间里，刘备有两位夫人都去世了。

所以，在谈到家事的时候，三国故事里有一个说法，叫做“四大惨”，哪四大惨呢？

一是给吕布当爹。吕布有弑父情结，各位看看丁原、董卓的下场，谁当吕布干爹谁就是死路一条。

二是给马超当儿子。马超有三子，三国有一段故事叫“杨阜借兵破马超”，马超的妻子、家人，还有三个年幼的儿子被敌将梁宽等人拿住，在翼城城头一刀一个都给砍死了，《三国志》裴注记载，马超兵败后投靠了张鲁，次妻董氏和儿子马秋都在张鲁手里，后来马超投降了刘备，张鲁投降了曹操，曹操把董氏赏给了手下，把马秋推给张鲁，说你看着办吧，张鲁二话没说，当场杀了马秋。惨呐！连小孩子都不放过。所以，三国是英雄史，也是血泪史。

三是给曹操当仆人。曹操为了防止被人谋害，诈称自己好“梦里杀人”，就是说曹操睡觉的时候，别人一靠近就会被杀。果然，有一次，曹操睡觉时身上的被子被踹到地上了，就有侍候的人上去捡，结果被曹操跃起一刀砍死。所以，给曹操当家政服务人员都是很危险的，随时会丢性命。

四是给刘备当老婆。刘备每次吃了败仗，标准动作就是舍老婆、弃家小。你看，在小沛和吕布作战，战败逃走，弃了家小；在徐州和曹操开展，战败了，又弃了家小，才有后来关羽屯土山约三事被迫降曹；再后来在当阳长坂坡刘备被曹操打败，撤退时又弃了家小，导致糜夫人投井自杀。眼下，甘夫人又去世了。撇下年近五十的刘备带着一个三岁的孩子，好不凄凉！

不过，有坏消息，就有好消息。刘备正在煎熬的时候，有人来报，说东吴谋士吕范来了。

刘备以为吕范和鲁肃一样，也是来要荆州的。于是硬着头皮见了面，结果吕范带来的是一桩美事，什么美事呢？

吕范给刘备说媒来了，吕范说："吴侯孙权有一妹，生得贤惠又美丽，想嫁给刘备。"

这真是人在屋中坐，美女天上来。

刘备面对这桩美事说什么呢？刘备说："吾年已半百，鬓发斑白；吴侯之妹，正当妙龄，恐非配偶。"

各位听这个话，就能听出来，刘备心里是愿意的，又担心人家嫌自己岁数大。

吕范说："我们吴侯这位妹妹，身虽女子，志胜男儿。常说非天下英雄不嫁！您皇叔名闻四海，正所谓淑女配君子，年龄不是问题的！"

刘备当时就说："那您稍微停留一天吧，明天我给您消息啊。"

一转身，刘备就来和诸葛亮商量了。孔明态度很明确，八个字——"面许已定，择日就亲。"

孙尚香，即孙夫人，三国时期的主要女性人物之一，吴郡富春（今浙江富阳）人。孙尚香原为东吴郡主，后嫁与刘备。孙尚香自幼喜好武艺，手下侍女皆带刀具，常以与人击剑为乐，身带利器又容姿甚美。因为她作为"乱世枭雄"刘备的妻子，并且志胜男儿，因此自然而然被人们称为"枭姬"。

刘备很犹豫，他属于那种既想喝粥又怕烫的主儿，刘备说：“那万一周瑜定计欲害我，这不是送上门去吗？”

孔明大笑，给刘备结结实实吃了定心丸。孔明说：“主公您放心，我略用小谋，一定让那周瑜一筹不展，公主到手，荆州万无一失，主公也可安然无恙。他不是给咱们用美人计吗？我保证你要了美人不中计。”

婚事就这样定了下来，等到要启程的时候，刘备又担心了，这属于冒生命危险娶美女呀。孔明说：“吾已定下三条计策，让赵云跟着您按计而行，可保万无一失！”

这就叫“不入虎穴，焉得虎妞！”

诸葛亮给赵云准备了三个锦囊妙计，哪三个呢？第一个锦囊妙计，大造声势，利用吴国太和乔国老，把生米做成熟饭；第二个锦囊妙计，编造曹操入侵的借口，拉刘备出温柔乡；第三个锦囊妙计，关键时刻借孙夫人之力，喝退追兵，逃出虎口。

刘备最后真的是啃了糖衣，扔了炮弹；得了美人，没中计。

从《三国演义》这个描写当中，我们可以看到一个智慧，就是诸葛亮作为位高权重的下属，他不光参与决策——在工作上给领导出谋划策，而且还积极关心领导个人生活，帮领导解决个人生活的困难。

在刘备娶亲这件事上，孔明是看到了风险的，但是他没有给领导改善个人生活设置任何障碍，相反，他利用自己的聪明才智，创造条件、搭建平台，促成了刘备的亲事，为领导的美满姻缘填上了关键的一笔。

您想想，刘备能不高兴吗？对孔明的信心和信任那是大幅度增长！

所以我们管这个策略就叫做“工作上摇扇子，生活上搭台子”。作为一个副职，应该主动关心一把手，帮他解决个人生活上的困难。当工作和生活冲突的时候，要尽量照顾领导，帮他出主意想办法。这样，领导的信任自然就会大大增加！会关心上级生活，这是下属的智慧。

同时孔明先生在工作上还使用了第二个策略——

方法二
放下擅长的，做好应该的

《三国志》裴注当中有记载，当年在隆中的时候，东吴的张昭曾经向孙权推荐诸葛亮，但是诸葛亮没答应。有人问诸葛亮为什么，诸葛亮说了一句话：“孙将军可谓人主，然观其度，能贤亮而不能尽亮。”

这句话为后来的“三顾茅庐”埋下了伏笔。

什么叫“能贤亮而不能尽亮”？意思就是，孙权孙将军他能尊重我，但是不能充分发挥我的才华，所以我不能跟他干！

诸葛亮是一匹千里马，大家想想千里马需要什么？要用千里马，你首先得理解他呀。

其实，一匹千里马，它需要草料，它更需要一片纵横驰骋的草原！诸葛亮的意思就是，到了孙权那里，他给的草料肯定是一等一的，但是他不会给草原。

说到这里，我们就看到了，诸葛亮选领导的标准很明确，谁给我草原，谁能充分发挥我的才华，我就跟谁。

后来，三顾茅庐以后诸葛亮出山辅佐刘备，很重要的一个原因就是因为诸葛亮认为只有刘备能做到这一点。

那么，刘备做到没做到呢？确实做到了，但是做到了一部分。刘

备用诸葛亮，用一句话概括，叫做“给了两头，收了中间。”

什么意思呢？就是说，刘备在刚开始用诸葛亮的时候，赤壁之战前后，刘备给了诸葛亮充分的空间和平台施展才华，到后来刘备托孤的时候，也给了诸葛亮充分的空间和平台施展才华。不过在二者之间，就是从赤壁之战到白帝城托孤之间这段时间里，刘备给诸葛亮的空间并不大。

为什么说不大呢？我们来看看史书的记载。

赤壁之战前后的公元207—208年，刘备先让诸葛亮管军事，火烧新野，火烧博望，接着是管外交，出使江东，说服孙权，然后又让诸葛亮管民政，搞经济，治理零陵、桂阳、长沙三郡，诸葛亮都搞得红红火火。

我们前边提到了，诸葛亮属于既能扫一屋也能扫天下的通才，又属于迫切需要草原的千里马。那么刘备是不是给了诸葛亮那么大草原呢？其实没有。大家注意，赤壁大战胜利之前，诸葛亮是没有任何职务的，直到公元208年赤壁之战打败曹操以后，刘备才给了诸葛亮一个军师中郎将的头衔。

从此以后，刘备却派诸葛亮专门去搞经济和民政了，军事上的事情很少让诸葛亮参与。孔明在刘备心目中首先成了一个标准的看家人选，留守处主任。

您看，入川的时候，刘备带的是法正和庞统，诸葛亮留守。取汉中的时候，刘备带的是法正，诸葛亮还是留守。《三国志·诸葛亮传》中说：“先主外出，亮常镇守成都，足食足兵。”什么是足食足兵？就是后勤保障做得很好。

在刘备入川以后相当长的一段时间里，法正扮演了真正出谋划策的军师。诸葛亮则投身于繁琐细致的政府事务和后勤事务中。

但是，孔明没有怨言，也没有发牢骚。他把当年说的“贤亮不能尽亮”一类的话都放在一边，就是专心致志完成刘备交办的工作。

一个人放下自己喜欢的，做自己不喜欢的，这很不容易，也非常了不起。

能人在团队中应该如何开展工作呢？其实最重要的就是要学会服从指挥。这就好比一个天下第一的小提琴手参加一个乐团的演奏，你说他要不要上来就拉自己最擅长的？肯定不能。他必须一看指挥，二看乐谱，按照指挥和乐谱的安排来拉。相反，如果一不看指挥，二不看乐谱，上来就拉自己最擅长的，那么，拉得越好，可能对整个团队的损害也就越大。

这就是为什么很多年轻干部，新官上任三把火，一上来就干自己最擅长的，结果干成了以后，上级不满意，群众不认可，他自己还特委屈，觉得我干得这么好，你们怎么就这么否定我呢？

其实，团队当中做事情可不是这么做的，必须要一看指挥，指挥就是领导，二看乐谱，乐谱就是工作计划。如果不听领导指挥，不看工作计划，弹得越好，对整个合奏的伤害可能就越大。

管理智慧箴言

团队当中做事情，必须要一看指挥，指挥就是领导，二看乐谱，乐谱就是工作计划。如果不听领导指挥，不看工作计划，弹得越好，对整个合奏的伤害可能就越大。

诸葛亮就是一个出色的琴手。尽管他有自己最擅长的绝技，但是他没有逞能，没有挑肥拣瘦，而是领导安排做什么，就全心全意做什

么。放下擅长的，做好应该的。

这种敬业精神一下获得了刘备还有周围干部的一致认可。

虽然工作一直很出色，在各个岗位上都能闪光，但是诸葛亮没有自满，更没有自夸，面对大家的肯定，他运用了第三个方法——

方法三
弱势沟通，展现依赖

大家先来看诸葛亮写的《出师表》，《出师表》不光写得很动情，而且写得很高明。

《出师表》写道：“臣本布衣，躬耕南阳，苟全性命於乱世，不求闻达於诸侯。先帝不以臣卑鄙，猥自枉屈，三顾臣於草庐之中，咨臣以当世之事，由是感激，遂许先帝以驰驱。”

大家注意，这个口气，并不是和先主说话的口气，而是和后主说话的口气。和儿子说话都这么谦卑，估计当年和老子说话的时候更低调。

这里看孔明的用词啊，明明是等待英主大展宏图，却说苟全性命于乱世；明明是三顾茅庐英雄出世，却说自己很卑鄙，先主来请我是屈枉了；明明是居中调度定大计定国策，却说是许以驱驰，扮演个跑腿的。

那么诸葛亮为什么要这么说呢？他为什么要把自己的优点长处都收起来呢？这其实是获得认可的一个好办法。

首先，心理学发现，人们嫉妒强势，不嫉妒弱势，反感高调不反感低调。诸葛亮这样做，就减少了同事的嫉妒和反感。

其次，人类社会有个有趣的现象，就是弱势的人会让别人觉得更不容易变心，更值得相信。所以通过展示自己的弱点和对别人的依赖，能取得足够的支持和信赖。

我们来举个例子，我认识一位老教授，夫妇二人结婚30多年了，感情一直特别好。年轻人在一起的时候就开玩笑呀，说："请教请教啊，您快教教我们，怎么让婚姻这么长久，感情这么牢固呀？"

老教授说："其实也没什么，就是我这个人嘴刁，吃饭挑食啊，我离开老太婆做的饭，谁家的饭我也吃不饱，没有了她我就得饿肚子啊，所以我们就过了大半辈子。"

教授夫人说："我是严重的神经衰弱，失眠啊，到晚上就睡不着觉。非得老头子躺我旁边打起呼噜来，听着这个节奏我就睡着了。要没了他，神经衰弱得把我折磨死，所以我们就过了这半辈子啊。"

你看说是这么说的吧，但是实际情况呢，完全不是这么回事。

老教授去参加一个论坛，在酒店吃自助餐，他说的是"离开老太婆做的饭，自己什么东西都吃不下去的"，实际上，吃自助餐取了一次不够，还取了个二回，比我吃得还多呢。

晚上我给他家小保姆打电话，问："小慧啊，阿姨睡觉怎么样啊？有没有失眠呀？"你猜小保姆怎么说，人家说："阿姨睡觉好着呢，不到10点就进卧室了。以前是叔叔打呼噜，现在叔叔走了，阿姨自己打呼噜，一觉睡到自然醒，好着呢。"

大家看看，其实谁也离得开谁，离了谁地球也照转。

但妙就妙在两个人都说离不开，都找了一个离不开的理由。而且双方都知道自己的那个是假的，但是都相信对方的那个是真的。

这就叫做通过示弱，指出自己的缺点和不足，展示对对方的依赖，从而获得信任感。

诸葛亮为什么要把自己说得那么不行，把领导说得那么强大，其实核心就是这个原因，他在通过示弱，展示对领导和对组织的依赖，从而增强周围人对自己的信任和支持。

所以，我们说感情是示弱的学问，不是示强的学问。为什么很多女强人婚姻都不美满，原因就在于她们太强，而且时时处处展示自己很强。怜爱怜爱，先怜后爱。示一下弱，展示一下自己的依赖性，那感情自然就甜蜜起来了。

管理智慧箴言

感情是示弱的学问，不是示强的学问。

有了信任和支持，诸葛亮就有了充分发挥自己的平台了。但是他是不是充分发挥自己了呢？不是。他在施展才华的时候，使用了第四个方法——

方法四

稳住大局收拾残局，态度积极但不着急

章武二年，也就是公元 222 年，刘备做了一个特别“二”的事情，就是起兵征讨东吴。结果被人家火烧连营七百里，损失惨重，大军败走白帝城。

得到兵败的消息以后，诸葛亮有什么反应呢？诸葛亮叹道：“法正要是活着就好了，他一定能劝阻主公，不让他东征。即使东征了，也

不至于败得这样惨！”(《三国志·诸葛亮传》)

有人就评论说了，诸葛亮这属于说风凉话。法正不在了，那你诸葛亮是干什么吃的，你为什么就不能劝阻刘备呢？就算是劝不住，你自己以随营军师的身份跟着刘备不就好了吗？

关于诸葛亮为什么不劝阻，或者就干脆参加东征这件事，我们要做一些分析。

首先我们要分析刘备征讨东吴的动机。

有人说了，那还用问吗？为关羽报仇呗。

关羽（?－220 年），本字长生，后改字云长，河东解（今山西运城）人。东汉末年蜀国著名将领，自刘备于乡里聚众起兵开始追随刘备，是刘备最为信任的将领之一。

有书为证啊，《三国演义》第一回“宴桃园豪杰三结义 斩黄巾英雄首立功”记载，刘关张三人，于桃园中备下乌牛白马祭礼，焚香起誓：“念刘备、关羽、张飞，虽然异姓，既结为兄弟，则同心协力，救困扶危；上报国家，下安黎庶。不求同年同月同日生，只愿同年同月同日死。”

后来关羽被东吴给害死了，大哥刘备当然要给关羽报仇了！

按照《三国演义》的逻辑，应该是这样的。不过按照《三国志》的逻辑，可不是这样的。首先《三国志》里边，没有桃园三结义的记载，这个场景应该是小说的虚构。其次，我们来看时间，关羽被害是在公元219年，也就是东汉建安二十四年，而刘备伐东吴是在公元222年，前后差了三年。为什么关羽被害以后，刘备没有马上给兄弟报仇，反而是三年以后才动手呢？而且偏偏是在刘备自己登上皇位称帝以后？

这个很值得研究。我们也可以理解为刘备积攒力量寻找机会。不过，还有另一种理解，就是刘备伐东吴不光有感情目的，更有政治目的。既然称帝了，刘备就想建立更大的功勋，创建更广的基业，吞并东吴是他的夙愿。现在，以关羽被害为理由，刘备开始动手实现自己的愿望了。

因此，讨伐东吴至少是一半政治因素，一半感情因素的。

那么，分析完刘备的动机，我们再来分析当时的形势。

当时曹魏最强大，东吴第二，刘备实力第三。所以，刘备讨伐东吴，属于第二名和第三名打起来。第二和第三打起来，第一名当然最高兴了。

第一名可以采取坐山观虎斗的策略，等两个人两败俱伤了，自己可以从中捞到巨大的便宜。这可是一个一本万利的好买卖。

不过，还有一个比这个更好的买卖，就是联合第三，把第二给吃掉。等待吃掉了第二，第三名也打得疲惫不堪了，回过头，再吃第三易如反掌。

这是最实惠最快速的胜利路线。第一个看到这个问题的是吴主孙权，所以在刘备起兵的时候，孙权连忙向曹丕示好，表示归顺，怕的就是曹丕乘机动手。第二个看到这个问题的是曹丕的侍中刘晔，用现代眼光看，刘晔也是相当精通博弈论的高手。他就建议曹丕，不要理睬孙权的求和示好，应该利用吴蜀动手的机会，先把孙权拿下。然后剩下一个疲惫不堪的老三西蜀，就非常好对付了。

幸好曹丕没有采纳刘晔的意见。否则，刘备伐吴的结果，就是给西蜀和东吴都带来灾难式的后果，白白成全了曹魏。

关于这个问题，诸葛亮早在十多年之前就知道了。当年在写《隆中对》的时候，我们这位二十七岁的孔明先生就已经说得很清楚了，联合东吴北拒曹操，这是西蜀的生存之道，也是西蜀的发展之道。

所以，经过以上分析，我们就得出结论，刘备讨伐东吴，是以报仇为理由进行的一次军事冒险，不符合西蜀的根本利益，也不符合当时的天下形势。

这个问题，刘晔能看出来，您想想诸葛亮能看不出来吗？

他肯定能看出来。

那么，我们不禁就要问一个问题了，为什么诸葛亮看出来了，却没有劝阻刘备呢？这个事情很蹊跷啊！史书记载，刘备要伐东吴的时候，首先出来劝阻的是赵云，然后还有一句，“群臣谏者甚众，汉主皆不听。”大家都出来全了，唯独没有诸葛亮劝阻刘备的记载。

你看，诸葛亮当时完全可以站出来说：“主公你错了，不要这样做啊！”他甚至可以联合很多大臣，上书或者当庭抗辩，逼迫刘备就范，甚至采取不配合的手段，拒绝执行刘备的命令。这样，不就可以避免后来的火烧连营七百里了吗？

确实，这样或许能避免一个灾难，但是这样肯定会激发一个更大的灾难。这个灾难是什么呢？就是一把手刘备和二把手诸葛亮的完全决裂和彻底对抗，用一次高层分裂和内部动乱，避免一次军事冒险失败的可能性。这个买卖值吗？肯定不值！

以诸葛亮当时的二把手身份，是绝不能联合很多人一起和刘备争辩的。一旦联合了，争辩了，就会出现更大的内部危机。说小了是拉帮结派，说大了就是逼宫，就是夺权啊！

那么，不拉人，自己说行不行？也行，但是需要考虑场合。

大家注意有一句话叫做“位高而谏以为有私”，什么意思呢？就是地位太高的人，给领导提意见一定要谨慎，否则容易引起别人的误会。比如你是二把手，你在大会上点着鼻子给领导提意见，提对了，你叫迫不及待；提错了，你叫别有用心！两种情况都没有好结果。所以位高权重的人，如果给一把手提意见有三个原则：一、最好借助一个职位相对低一些的人去提，自己不要提。所以我们可以相信，有可能赵云提意见，就是诸葛亮授意的。因为赵云一直和诸葛亮配合得很好，能给赵云锦囊妙计，就一定也能安排赵云替自己提反对意见。二、如果是自己亲口提，一定要在小场合，这个叫“当众提意见叫拆台，私下提意见叫补台”。有不同想法，可以等散会以后，到领导办公室里边，关上门悄悄说。所以，我们也可以怀疑，诸葛亮是给刘备提了意见和建议了，只不过是在非常私密的场合下单独说的，保密工作很好，就没有记载下来。三、边干边说，无论有什么不同意见，如果领导没有采纳，绝对不能停下手里的工作。而且工作一旦过了决策阶段，进入执行阶段，绝不能四处散播不同想法，干扰大家的工作干劲。这叫做“关起门民主，打开门记住；决策阶段民主，执行阶段集中。”

管理智慧箴言

关起门民主，打开门记住；决策阶段民主，执行阶段集中。

诸葛亮应该是借助一些有效的渠道，私下提过意见了，但是没有被刘备采纳。刘备按照惯例，依然安排诸葛亮守后路掌管后勤，自己就带着大兵出发了。这个时候的孔明，没有急头败脸、大呼小叫地冲上去阻挡刘备。相反，他以积极的态度投入了后勤保障的工作当中。

这个策略叫做“积极而不着急”。一个能人在干工作的时候，态度可以很积极，但是情绪一定不能着急。领导一有困难你就着急，说明你怀疑领导的能力；领导一和美女沟通你就着急，说明你怀疑领导的人品。这都是不对的。

而且事业是大家的，不是你一个人的，责任是领导的，不是你的。你着急，你大喊大叫是什么意思？你是不是要夺权啊？

就好比同事的未婚妻崴了脚脖子了，你帮忙送医院，你说你能着急吗？你再着急，也不能超过同事的着急程度。你要是上蹿下跳，比同事还心疼，那估计就要打架了。就算是真心疼，你也得忍着。这叫角色意识。

不在其位不谋其政，不在其位不能乱着急，否则会引起领导误会。

所以诸葛亮很谨慎地控制住了自己的情绪。与此同时，他做了很细致的工作。尽管不能阻止刘备起兵，但是他对失败的风险做了必要的估计，采取了一些预防的措施。比如《三国演义》记载八阵图吓退陆逊，就是诸葛亮为防范失败作的准备。同时，刘备没有让诸葛亮上前线，诸葛亮就一直在后方工作，并没有死乞白赖要上前线来。这也符合我们前边说的，放下擅长的，做好应该的，能人以服从指挥为最重要。

后来，刘备感觉到自己大限将至，而且形势危机了，这才派人召诸葛亮到永安见面。

诸葛亮是一个非常能掌握工作节奏的干部，没有命令的时候，就兢兢业业、踏踏实实在那里做好本职工作。一旦有了命令，立刻安排好手中的工作，以最快速度来到了永安。

这叫什么？这叫做“不叫不到，一叫就到，随叫随到。”一个掌握工作节奏的能人才能让领导有充分的信任。

到了永安，刘备嘱以后事，把收拾残局的艰巨任务都托付给了诸葛亮。其实这种行为本身，也可以视为刘备对自己错误的反思和对孔明正确意见的肯定。

自赤壁之战以来，诸葛亮终于走到了可以从政治、军事全面施展自己才华的位置上。不过当时的形势确实万分危急，大军新遭失败，元气大伤；东吴大军压境，气势逼人；南方地区少数民族造反脱离政府；北方曹魏虎视眈眈，连续派人下蜀，要求蜀汉俯首称臣；后方还有黄元在成都附近乘乱造反。那形势真是内有外患，危机四伏。不过，对此早有准备的诸葛亮信心十足，迅速走上了工作岗位，采取了一系列有效措施，终于化险为夷，帮助新生的蜀汉政权迅速转危为安。那么，诸葛亮都采取了哪些措施来应对危急呢？在这个过程中，他又使用了什么样的策略呢？请看下一讲。

第六讲

稳定人心有良方

生活是海洋，随时会起波澜，随时会触暗礁。每个人、每个团队在前进的过程中都有可能会遇到危机，那么作为一个领导者、带头人，在队伍遇到危机的时候，应该如何采取行动呢？——其中最关键的一条就是要稳定人心。在这方面，诸葛亮就做得非常棒，今天我们要给大家讲讲诸葛亮稳定人心的智慧。

公元 223 年秋八月，十七岁的刘禅心急如焚，他刚刚当了皇帝，宝座还没有坐热乎，前方就传来紧急消息，说曹魏起五路大军气势汹汹前来讨伐。哪五路呢？第一路，曹真为大都督，起兵十万，取阳平关；第二路，反将孟达，起上庸兵十万，犯汉中；第三路，东吴孙权，起精兵十万，取峡口入川；第四路，蛮王孟获，起蛮兵十万，犯益州四郡；第五路，番王轲比能，起羌兵十万，犯西平关。五路大军合计五十万人，从北面、西北面、东面、东南面浩浩荡荡杀来。蜀汉建国以来，从来没有面临过这样强大的敌人，更何况此时的蜀汉已不比当初，五虎大将已亡四人，彝陵惨败，丧失精锐，面对敌人的多路进攻可如何是好？

刘禅（公元 207—271 年），蜀汉后主，字公嗣，小名阿斗，刘备的长子。母亲是昭烈皇后甘氏。三国时期蜀汉第二位皇帝，公元 223—263 年在位。公元 263 年蜀汉被曹魏所灭，刘禅投降曹魏，被封为安乐公。

更让他心急的是丞相诸葛亮一连几日闭门不出，概不见客，在这生死存亡的危急时刻，诸葛亮居然“罢工”了，这到底是为什么呢？

难道是诸葛亮不满意目前的地位和待遇？还是诸葛亮对自己有意见？或者诸葛亮真的起了二心？刚刚登基的小皇帝满腹狐疑，决定亲自登门看个究竟。

到了相府，门吏伏地而迎。后主就问：“丞相在何处？”

门吏给出了一个特别搞笑的答案：“不知在何处。”大家看看，诸葛亮对刘备父子的策略很相似——关键时刻“玩消失”。当年刘备三顾

茅庐，就是找不到人，现在刘备儿子来访，也同样找不到人。

后主于是下车步行，独自进到第三重门，远远看见孔明先生手执一柄竹杖，正悠然自得地在小池边观鱼呢。那一池碧水当中，几十头金鱼有静有动，忽上忽下，有的呆若木鸡，有的快如飞鸟，非常好看。

大家想想，后主看到这个场景心里会是什么滋味？——我这里火上房了，等你来救火，你倒好，不慌不忙在家看金鱼。这哪里是看金鱼，分明是看我的笑话啊！

所以《三国演义》中描写到“后主在后立久，乃徐徐而言”，意思是后主在孔明身后站了有十分钟，然后才慢慢悠悠地开口说话。光是这个“站了很久，徐徐说话”这两个动作，我们就可以想象后主当时的心情——那一定是惊讶、气愤、无奈再加上酸楚，那滋味真是喝咖啡就大蒜，再加半碗老陈醋，又苦又辣还有点酸！

那么后主开口说的是什么话呢？这位小皇帝也不是省油的灯，他不阴不阳地说了一句：“丞相安乐否？”意思就是：“老大，你过得开心吗？”

孔明回头，见是后主，慌忙弃杖，拜伏于地。后主扶起孔明，问到：“今曹丕分兵五路，犯境甚急，相父缘何不肯出府视事？”

孔明大笑，扶后主到内室坐定，然后奏道：“五路兵至，臣安得不知，臣非观鱼，有所思也。我早部署了退敌妙策了。”这么一句话让后主悬着的心一下就落了地，仿佛大旱天总算盼到下雨，迷路的孩子找到家一样。

说到这里，我们就要分析一下了，为什么那边曹魏大军五路敌人日益逼近，诸葛丞相却一点都不着急，反而安安稳稳地在家里看鱼呢？诸葛亮葫芦里卖的是什么药？

其实孔明先生这样做是有深意的。这一段故事在《三国演义》中叫做“安居平五路”，其实五路敌人多是虚张声势，平五路不难，但稳定人心最难。如果人心不稳，上上下下都惊慌失措，那局面就不堪设想了。

怎样稳定人心呢？诸葛亮想了一个妙招，就是“安居平五路”中的“安居”两个字。通过安居娱乐，让大家看到，我很轻松，一点也不着急。这一招是非常高明的。

我们的身边经常会看到这样的情况：就是组织刚刚遇到点问题，还没等搞明白怎么回事，领导者自己就先坐不住阵了。这样自乱阵脚很容易酿成大错。举个例子，我以前搞过财务，认识一些搞财务的朋友。有这么一位朋友，在一个大公司担任财务负责人，有一次年底结账，客户来投诉付款有问题，下边的会计一查，发现真的有两笔钱付错了，再一查，是这位负责人亲笔签批的，而他自己一时之间根本就想不起来了。这是一个向来以严谨认真著称的人，一见这个他就急了，连夜组织财务人员加班清查，什么业务部、营销部、结算中心，挨个亲自打电话核对，折腾得鸡飞狗跳，还在楼道里就和下边的出纳大发雷霆，搞得全公司上上下下都知道财务部出问题了。结果折腾了一天一夜，最后才发现，其实根本没有付错，只是新上来的会计记账的时候出了点小漏洞，没有向客户及时通报而已。

大家虚惊一场。不过这一折腾，真的闹出问题了。一是全公司的人，包括公司领导都对财务部付款的准确性起了怀疑，财务部以及这位朋友本人的声誉都大受影响；更要命的是那天熬夜加班清查的时候，有个小伙子半夜出去买东西吃，回来时公司大门关了，翻门而入时把腿摔骨折了。这真是“屋漏偏逢连阴雨”，不久这位朋友也离开了那家公司。

事后他自己痛心疾首地说，要是当初别那么着急发慌，沉住气，再等一等，看一看，第二天保准搞个一清二楚，什么问题都不会发生。

所以，当领导的遇到问题的时候，一定要沉住气。领导慌一分，下属就能慌十分，万一再有人乘机搧阴风点邪火，那就真的要出大事了！领导遇到问题的时候，一定要稳住心神，有句话说的好——“任凭风浪起、稳坐钓鱼船。”诸葛亮在这里之所以要运用观鱼策略，原因就在此。

诸葛亮的思路是这样的——你看，敌人气势汹汹来了，而我们自己刚刚吃了败仗，元气大伤，老领导也去世了，大家心里没底，很慌张。越是这个时候，我越是不着急，我越是要处之泰然，要放松，在家里听听音乐，看看金鱼。

为什么要这样做？道理很简单，现在局势不明朗，很多人都没了信心，如果这个时候领导慌乱起来，吃不下，睡不着，忙里忙外，神情紧张，那所有支持我们的人就得到一个信息，真的出大事了，你看，领导急成这样，看来我们要不行了。于是支持的人就会失去信心、乱成一团；那反对我们的人呢，也得到一个信息，你看，这小子急成这样，看来他要扛不住了，我们赶紧动手吧，于是反对的人就会乘机作乱。支持的人人心离散，反对的人乘机作乱，这样一来，局势就真的失控了，真的要一发而不可收拾。

相反，在这个危机的时刻，做领导的不着急不着慌，该吃就吃，该睡就睡，而且就是要放松，要看金鱼，要听音乐，要喝啤酒，看世界杯，显得轻松自如、从容不迫。这就向所有人传达了一个信息——没什么大不了的，我一点也不担心！

于是，所有支持的人就有了主心骨，各司其职、安心工作；而那些反对的人就不知道水深水浅，不敢轻举妄动，这样一来，就可以安然度过危机。

这个策略就叫做——以无事之心处有事。要镇定自若应对危机，越是有大事的时候，当领导的越是不能惊慌失措。

当然，面对敌人的进攻，仅有不慌张是不够的，你真得拿出办法才行。所以，后主就问孔明："我们该如何退这五路敌兵呢？"

这时诸葛亮把计策合盘托出：一、马超素得羌人之心，羌人以超为神威天将军，已令马超紧守西平关，伏四路奇兵，每日交换，这一路敌人可以不用担心了；二、南蛮孟获，兵犯四郡，已派遣大将魏延领一军左出右入，右出左入，这叫疑兵之计。蛮兵多疑，若见疑兵，必不敢进，这一路又不用担心了；三、叛将孟达与李严曾结生死之交，已模仿李严笔体写了一封书信令人送给孟达，有了这封信，孟达必然推病不出，这一路敌人也就退了；四、魏将曹真引兵犯阳平关，此地险峻，已调赵云引一军守把关隘，并不出战，曹真若见我军不出，不久便会自退；五、东吴这一路兵，如见四路兵胜，川中危急，必来相攻，若四路不济，自然退去。而且为了保险起见，密调关兴、张苞二将，各引兵三万，屯于紧要之处，为各路救应。

后主听完，禁不住喜上眉梢，满天乌云都散了，这紧张之后的轻松才是真正的轻松，就像经过了严冬才能体会到春天的美。后主现在的心情，那是美滋滋甜蜜蜜乐呵呵。他还在相府里和诸葛亮喝了几杯小酒，乘着酒兴，兴高采烈地回皇宫去了，估计一路上都在哼着小曲儿"我们的生活比蜜甜。"

后主是轻松了，可诸葛亮却一点也轻松不起来。自从刘备临终托孤，诸葛亮接管军政大权以来，他就一直竭尽全力，也可以说是挖空心思，认真解决一个大问题。什么问题呢，就是稳定人心的问题。

公元 223 年的蜀汉确实是危机四伏：军事上，夷陵惨败，元气大伤；政治上，刘备病故，政权不稳；南方有少数民族造反；北方有曹

魏虎视眈眈；前有东吴得胜，气势逼人；后有黄元作乱，内战爆发。如此内忧外患，搞得上上下下人心惶惶，从官员到百姓，大家心里都很慌乱，信念危机正像瘟疫一样在人们心中蔓延。如何稳定人心呢？诸葛亮采取了四个非常有效的办法，我们逐一给大家分析一下！

策略一
稳定班子，各就各位

一个圆要稳定，首先就要稳定它的圆心。圆心不稳，整个圆都不稳定。一个组织要稳定，首先要稳定的就是领导班子。

所谓各就各位，就是迅速确定新领导班子的人员，让每个人都有明确的身份和位置，这样可以避免内部动乱和权力纠纷。

好比我们坐火车出去旅游，进了车厢后，乘务员喊："请大家找到自己的座位，迅速入座。"为什么？坐下就不挤了，只要各就各位，现场就会稳定，就有了基本的秩序。

管理也是这样。古往今来，在新旧交替、权力交接的过程中，围绕争权夺位而爆发的动乱多得数不胜数。这就好比那个抢椅子的游戏，如果不确定谁坐上椅子，那么现场肯定乱作一团；如果把每个人的名字提前都标到椅子上，大家就各安其位，混乱也就消除了。

所以诸葛亮在刘备死后做的第一件事情，就是给皇室成员排位置，把椅子都贴上标签，让大家都坐下。不过在排位置之前，他还做了一个更加紧迫的工作，这件事对稳定局势、稳定人心至关重要，但是又特别容易被人忽略。那么这件事是什么呢？就是公布刘备的遗嘱。

大家注意，在重大事件发生的时候，人们最需要的是什么？就是获得信息。公开信息是非常关键的。你看，有些人没有这个意识，处理热点问题，信息不公开，情况不通报，本来是想图省事，想等八字有一撇了，再向大家说吧。

可是，在热点问题上，公众是有强大的获知信息的需求的。在信息的园地，你不种菜，就有人种草，而且种的是恶性的杂草，结果呢，小道消息满天飞，互联网上全是猜测，街头巷尾全是谣言。好端端的事情，传来传去就传出了问题。

稳定人心必须要公开信息，诸葛亮深深明白这一点。

所以，他抓紧第一时间公布遗嘱，这样做有三个好处：一是打消众人的疑惑和猜测；二是不给制造谣言的人以口实；三是增加下一步人事安排的权威性。

刘备的遗诏分为三个部分。一是病情通告，刘备得的到底是什么病呢？他自己的遗嘱是这么说的："朕初得疾，但下痢耳；后转生杂病，殆不自济。朕闻'人年五十，不称夭寿'。今朕年六十有余，死复何恨？"

皇帝去世，病情通报至关重要。"皇帝到底怎么死的？"这个问题太可怕了，有些人可以利用这个问题大做文章，可以造谣诬陷，可以追查牵连，可以怀疑猜测，而且有这种想法的人大有人在，很多人都盼着这个机会呢。

诸葛亮必须要让大家知道，刘备是正常死亡，"死而有因，死而无憾"，而且这一切是主公刘备自己亲口说的。说到这里，我们不仅要佩服一下刘备。在遗诏的开头，刘备不谈天下局势，不谈政治军事，一上来就认认真真把自己的病情和心情都交代清楚，这实在是一个很有远见的举动。此举既给怀疑担忧者吃了定心丸，也绝了借题发挥者的邪念。

遗诏的第二部分是对儿子刘禅的勉励："勿以恶小而为之，勿以善小而不为。惟贤惟德，可以服人。”这是告诉孩子，做大事要从小处着眼。作恶就像养马，恶不分大小，恶念一起，就如野马脱缰，停也停不了，收也收不住。行善就像种庄稼，善念一起，就如埋下小小的种子，不久就有花果飘香。像我们平常随手关灯，侧身让路，爱护花草，再小的善事也是修养，一份修养一份成就。做大事的人，小处不可随便！

刘备为什么讲这个话呢？因为儿子小小年纪就荣华富贵、少年得志，少年得志的人往往不在意小节。说大话，做大事，吃大餐，送大礼，大手大脚，小节上根本不在乎，小善不上心，小恶不介意，天长日久，导致灾祸。所以刘备才给作为“富二代”的儿子写下这句话——“勿以恶小而为之，勿以善小而不为。”

遗诏的第三部分，是对诸葛亮地位和权威的肯定：“卿与丞相从事，事之如父，勿怠！勿忘！”嘱咐刘禅对待诸葛亮要像对待父亲一样，你想，诸葛亮的地位有多高！

有了这个遗嘱的公开发表，稳定大局、重振民心就有了舆论基础和政治基础。接着，诸葛亮展开一系列的组合拳：一、立太子刘禅即皇帝位，改元建兴；二、加诸葛亮为武乡侯，领益州牧；三、葬先主于惠陵，谥曰昭烈皇帝；四、尊皇后吴氏为皇太后；五、谥甘夫人为昭烈皇后，糜夫人亦追谥为皇后；六、升赏群臣，大赦天下。

诸葛亮就像火车上的列车员，把一车厢乱哄哄的人逐一都安排到了自己的座位上。在稳定朝局以后，诸葛亮接下来做了一件什么事情呢？这件事情也出乎群臣的意料——诸葛亮开始给后主张罗亲事，为什么要给领导张罗亲事呢？

给皇帝娶亲这件事一来可以彰显诸葛亮和皇帝的特殊关系，强化自己的地位；二来可以借联姻巩固政治联盟；三来皇帝有了家室，有利于自我约束，防备小年轻胡来；四是可以绝了小人们借此事向皇帝献媚邀宠的可能性。这叫做未治国，先治家。先稳定后院，才能搞红火前院。

那么，给后主娶谁当老婆呢？当年，刘备在娶孙权妹妹这件事情上，又想娶又怕危险，在最犹豫不决的时候，诸葛亮给刘备吃了定心丸，他告诉刘备“不入虎穴，焉得虎女”，一锤定音！

现在，在刘禅娶谁做老婆这个问题上，诸葛亮也是一锤定音：“故车骑将军张飞之女甚贤，年十七岁，可纳为正宫皇后。”在他的主持下，刘禅娶了张飞的闺女做老婆。

这是一门好亲事啊！我们说，恋爱是两个人的事情，结婚是两群人的事情。刘禅和张飞之女结婚，它是刘关张铁三角的延续，强化了政治联盟，稳定了核心团队，而且张飞的女儿有乃父之风，正直刚烈，以后后宫会少很多负面问题。

至此，刘禅的家事全部搞定。大家看看，活着的、死去的，男的、女的，领导、下属，所有人都名分已定，各归其位。这叫做“名正则言顺，位定则心安。”

策略二
被动出场，强化权威

诸葛亮使用的第二个策略是被动出场，意思就是有了问题，我不主动上前解决，而是等人来请，有人来请来求了，再出面解决。

话说曹魏五路大军来取西川，丞相却连续几天不出来料理事务。后主派人去宣召诸葛亮入朝，却回说丞相染病，不能出来。第二天，

众官在相府前等了一整天，仍不见人出来。杜琼入奏，请后主圣驾亲自前去。于是出现了我们这一讲一开头的场景。

其实诸葛亮完全可以用另一套方法。比如，发现问题以后，主动研究，积极汇报，不等后主来找自己，就主动进宫汇报，告诉后主自己已经安排好了一切，请皇帝放心。这样主动汇报，效果不是更好吗？为什么非要闭门不出，等人家着急了，上门来找自己呢？

其实这就是诸葛亮的一个强化权力的策略。这里面有两个细节，第一个细节是后主到了相府，门吏说，“丞相钧旨，教挡住百官，勿得辄入。”这个意思就是无论哪家大臣来了，也决不允许入内。那么，谁来了可以入内呢？当然只有皇帝了。诸葛亮这个命令的潜台词就是：非要等后主来请，我才出门上班。

第二个细节是后主过了三道门，看到了诸葛亮正在欣赏金鱼，于是自己就一声不吭在一边站着。整个场景就变得很有意思了，诸葛亮一直在那里看鱼，后主一直在旁边站着。看鱼的不回头，站着的也不吭气。这个场景让我们不禁想起三顾茅庐时，诸葛亮在上边躺着不动，刘备在下边站着不出声的场面。总感觉诸葛亮有点装没看见的意思。

通过这两个细节，我们得出一个结论：第一，诸葛亮一定要等后主主动登门，才肯出面力挽狂澜；二是诸葛亮一定要等后主主动开口。

这就是为了强化自己的权威性。前边讲了，动手太早，效果不好。在蜀汉政权的分工当中，刘备一直安排诸葛亮做的是民政、后勤工作，没有单独执掌过军事。现在掌管了全面工作，诸位大臣万一不服气怎么办？万一不信任怎么办？

所以，在正式执掌权力安排工作之前，诸葛亮需要使用有效手段增加自己的权威性。那么他用的这个手段叫做借力法。

什么是借力法？我来做个比方，比如我们自己是小蚂蚁，个不够大，分量也不够足，周围人都要踩我们，怎么办？方法很简单，我们就站在大象的背上，这一下分量就足了，看谁敢踩？这就是借力法。

只有权威才能增加权威，只有权力才能制造权力。诸葛亮其实就是在借后主的权威性，增加自己的权威性。

他故意不出面，等后主上门来请，让满朝文武都看到，皇帝对自己的认可度和信任度。这样一来，周围的人自然就心服口服了。

这一招我们现在也有很多人在用，你看，单位提拔一个新领导老刘，同志们都觉得这个老刘每天都见，就是一个普普通通、见谁都笑眯眯的知识分子，他有什么本事？凭什么提拔他？这个时候怎么办？就需要搞一个就职仪式，把什么老领导、老权威、老专家都请来，让这些人个个都夸老刘能力强、水平高、才华出众。经过权威专家这么一夸，众人就会对老刘刮目相看。借力法又叫“抬轿子”，今天我抬你，明天你抬我，抬的人越高，坐的人就更高。诸葛亮就是在让刘禅给自己抬一把轿子，以确立自己在蜀汉政权中军政总揽的绝对权威性。

“安居平五路”的典故在历史上有没有呢？没有记载。

就像我们前边说的，它不是《三国志》的真身智慧，它属于《三国演义》的化身智慧。在这一段描写当中，既包含了稳定人心的高明的技巧，也确实有一点过火之处。过火之处在哪里呢？我们来分析一下。

首先，我们注意到，整个平五路的军事安排，调动赵云、马超、魏延、关兴、张苞等数员大将以及十几万人马，居然连皇帝本人，还有中央政府各有关部门都蒙在鼓里，一无所知。这也有点太骇人听闻的味道了。这恐怕不是为臣子、做下属应该做的事情。

我们现在经常讲授权，经常会看到这样的场景，领导交给下属一件事情，说：“授权给你啦，你去做吧，我听你的！”下属很高兴，于是就翻身上马，撒着欢儿绝尘而去，消失在白茫茫的雾里，十天半个

月没一点音信。这对不对呢？当然不对！

授权有一个基本的原则，作为下属，可以替代领导行使决断权，但是不能剥夺领导的知情权。尤其是在关系国计民生、安危存亡的重大事情上，剥夺领导的知情权，这离阴谋就不远了。

不过，有一点还真是存在的，就是刘备要求儿子尊诸葛亮为父，后主刘禅确实这样做了。在中国历史上，皇帝管自己的下属叫爹的例子也是绝无仅有的。这个身份其实把上级和下属双方都放在了很尴尬的位置上。

也幸亏有诸葛亮的忠诚，加上刘禅的厚道，所以双方之间没有酿成什么灾祸。用今天的管理眼光看，下属确实需要有足够的授权，但是无论如何，下属也不能凌驾于领导之上，一个下属可以让领导给自己抬一抬轿子，但是无论如何不能骑在领导脖子上，这是绝不应该的，否则就是内乱的开始。

我们在赞许诸葛亮忠诚的同时，对于先主刘备的知人善任和后主刘禅的厚道宽容也十分的钦佩。

信任是一个水杯，才华是一杯热水。有多大杯子装多少水，有多少信任施展多少才华。如果水量大过杯子，那就要烫到自己了。诸葛亮之所以能施展自己的才华，与两代领导人的充分信任是密不可分的！

管理智慧箴言

信任是一个水杯，才华是一杯热水。有多大杯子装多少水，有多少信任施展多少才华。

在稳定了权力核心，增加了个人权威的同时，诸葛亮还使用了第三个策略——

策略三
亮出胆识，增加信心

诸葛亮为什么要运用这个策略呢？因为，敌人在强大的军事进攻之前，还安排了强大的宣传攻势来瓦解蜀汉军民的斗志。

诸葛亮做好了迎战五路敌人的准备，结果五路敌军还没到的时候，下书人先到了。曹魏的司徒华歆、司空王朗、尚书令陈群、太史令许芝、谒者仆射诸葛璋五个人都写书信给诸葛亮，陈言天命，讲解局势，对诸葛亮进行劝降，同时大造声势，瓦解蜀汉军民的信心。敌人真是文武并举，外有军事进攻，内有政治劝降，企图利用刘备已死、人心离散的机会，逼迫蜀汉就范。

为了回击敌人，也为了鼓舞军民的必胜信心，诸葛亮亲笔写了一篇正议。在这篇文章里，诸葛亮义正辞严地回绝了敌人的诱降，贬斥了敌人的狂妄。而且他还列举了生动的例子，证明强大的敌人并不可怕。孔明先生写道："昔世祖之创迹旧基，奋羸卒数千，摧莽强旅四十馀万於昆阳之郊。夫据道讨淫，不在众寡。"这个例子是公元23年东汉开国皇帝刘秀指挥的昆阳之战。昆阳之战是中国历史上著名的以少胜多的经典战役，在那个战役当中，刘秀仅仅依靠八千人的部队就打败了王莽四十万大军。所以，诸葛亮说，人家能做到的我们也可以做到，正义的战争不在于人数多少。

接着诸葛亮又慷慨激昂地说："军诫曰：万人必死，横行天下。过去轩辕皇帝只有数万军队，照样制四方，定海内，何况我们现在有数十万大军，伸张正义，讨伐奸贼，胜利一定属于我们！"

这篇文章一经公布，极大地打击了敌人的嚣张气焰，同时，也让蜀汉上上下下所有的人，都增添了必胜的勇气和信心。

面对强敌，在生死存亡的关键时刻，确实需要有人挺身而出，做大家的主心骨，向大家输出胜利的信念。

我们把这个策略叫做：领导者要善于做队伍的“胆”和“眼”。所谓胆，就是别人害怕的时候，领导者自己要从容镇定，不能慌张；所谓眼，就是大家看不到未来的时候，领导者要替大家指明未来。

管理智慧箴言

领导者要善于做队伍的“胆”和“眼”。

我们在这里举个例子。有一个年轻的船长率领一支船队横渡大海，出发之前退休的老船长给了他一个纸条，告诉他一旦遇到死亡风暴，一定要站到船头，打开这个纸条，大声念上边写的字，这样可以拯救全船的人。结果，在归来的路上真的遇到了死亡风暴从天边席卷而来，整个船队的人都慌了，人们开始争抢救生用品准备逃生，就在这一关键时刻年轻的船长走到了船头最靠前的位置，打开了纸条，上边的内容很简单，只有一句话：“港口就在前边！”于是，年轻的船长单手抓着缆绳，高喊：“不要乱！我看到港口就在前边！大家坚持住！”人们一听快到岸边了，再一看船长站在那里都不怕，于是人群逐渐平静下来，各自回到了自己的岗位上。紧接着铺天盖地的风暴就来了，折腾了一个小时，等风暴过去以后，奇迹发生了，整个船队有好多船都被摧毁了，但是惟独年轻船长所在的船毫发无损。这是为什么呢？靠岸以后，老船长告诉年轻人，其实风暴不可怕，风暴来的时候，只要划

桨的努力划，掌舵的认真掌，调帆的及时调，船队是完全可以冲出风暴的。但问题就是往往在风暴来的时候，人们都慌乱了，划桨的不划桨，掌舵的不掌舵，调帆的不调帆，于是船很快被风暴摧毁。

一条船不是被风暴摧毁的，而是被风暴带来的恐慌混乱摧毁的。困难和危险并不可怕，可怕的是困难和危险引起的恐慌混乱。因此在危急时刻，船长就要站在最关键的位置上，展示自己的勇气和镇定，并指引大家看到前方的希望。只要大家不慌不乱，各司其职，船自然就可以抗击风暴并冲出风暴。

古往今来所有的成败例子都向我们证明了一点：一支队伍往往不是被困难打败的，而是被困难带来的惊慌混乱打败的。在危机面前信心比金子还宝贵！如果危机来了，大家没有这个信心怎么办？领导者就要挺身而出，用事实说服、用目标鼓舞、用行动示范，给大家灌注这个信心。只有这样，才能战胜敌人，取得胜利。

诸葛亮在蜀汉政权最危急的时刻，挺身而出，发挥了“胆和眼”的作用，稳定了人心，稳定了局面，为蜀汉政权的生存和发展争取到了金子一样宝贵的信心。

现在，我们看到，蜀汉政权已经有了稳定的权力核心，有了必胜的信心，诸葛亮也树立了个人的管理权威，有了这些，够不够呢？还不够，诸葛亮又运用了第四个策略——

策略四
远大目标，激励斗志

做事业要树立远大目标。为什么要有远大目标呢？有人说了，没有远大目标也一样可以做事情啊。我有一个朋友就说：“我们公司没有什么远大目标，就是挣钱呗，养活老婆孩子，过上好日子，这多实在！”我当场奉送他一句话：“做大事，没有钱是不行的，但只有钱是不够的！一定要有远大目标。”

这里举一个大家都比较容易理解的例子，《水浒传》中有个例子特别典型。在英雄排座次之前，宋江在忠义堂前树起了一杆大旗，上书四个大字——替天行道！我们说这是宋江特别高明的地方。

梁山的钱从哪里来？抢的。让英雄好汉去抢钱，他们觉得丢人，没人愿意去，因为没有认同感。光有能力，没有事业的认同，是不可能出业绩的。

所以，宋江树起了这杆大旗，他告诉兄弟们，我们不是劫道，我们这是替天行道，老天爷派我们来的。我们抢来钱给自己花，那是为天下养英雄；给别人花，那是做公益事业。我们根本不是劫道，我们的行为叫做“有组织武装募捐”。搞完这个教育，你再看，所有的英雄好汉都主动完成任务了！这个道理就是——做事业不光要给利益，还要给意义！让人一时努力，有利益就可以；让人一直努力，就必须要有意义。

所以，俗话说得好：“万丈高楼平地起”。一万丈的高楼，也是一块砖一块砖慢慢垒起来的，一个领导者从打地基开始，心中已然有万丈高楼，而下边具体做事情的人，每天看到的就是和泥垒砖，和泥垒砖。领导要做的，不是让下属热爱这摊烂泥或者这几块冷冰冰的板砖，而是在下属和泥垒砖的时候，在他面前展开一幅壮丽的画卷，告诉他——小伙子，你不是在垒砖，你是在盖世界上最壮丽的大厦。这个大厦对国家、民族有多大意义，这个大厦对我们周围的人、我们的子孙后代有多大意义。它排全国第几，世界第几。这种方法就叫做远景规划和远大理想提升。

讲完这个后，再告诉他，大厦盖好以后，第七层从右往左数第三套将来就归你了！这叫远景规划、远大理想提升，再加上个人目标的实现。这三样加在一起才能吸引大家投入到我们的事业当中。

诸葛亮很清醒地看到了这个问题，在政权建立初期，他就壮怀激烈地喊出了“攘除奸凶，兴复汉室！”和“汉贼不两立，王业不偏安！”的口号。用远大的目标激励了整个队伍的士气，鼓舞了大家必胜的决心。干事业就是这样，要一边给实惠，一边给理想。实惠解决一时，理想才能解决一直。

管理智慧箴言

干事业就是这样，要一边给实惠，一边给理想。实惠解决一时，理想才能解决一直。

经过精心的谋划、周密的实施，蜀汉政权上上下下终于士气大振，人人摩拳擦掌，准备北伐中原，担当起兴复汉室的大任。不过孔明先生又面临着新的挑战。俗话说得好，人上一百形形色色，林子大了什么鸟都有，这么大一支队伍，自然也是什么人都有——有的人是态度问题，有的人是能力问题；有的人那叫黄鼠狼给鸡当保姆，说是好事，没安好心；有的人那是豆芽充拐棍，扶也扶不起，靠也靠不住。对于这些问题员工，应该如何应对，如何处理？诸葛亮在这方面又运用了哪些策略呢？请看下一讲。

第七讲 问题员工不手软

有一句俗语：“画龙画虎难画骨，知人知面不知心”。说的是人心是世界上最难了解、最难预测的，有些人每天都坐在我们对面，对我们微笑，你本以为非常了解他了，可是结果有一天，他会突然做出让我们大家都意想不到的事情。

公元220年春天，刘备身边爆出了一桩谋反案件。有消息说马超要谋反！这个消息可非同小可，马超是五虎大将之一，不但手下有一拨自己的部队，而且在西凉地区影响力极大，一呼百应。因此这个消息让成都的文武百官都十分紧张。不过，大家仔细一打听，心又放了下来，原来不是马超要造反，而是有人要怂恿马超造反。这件事情还是马超自己主动向刘备汇报的。那么，是什么人胆敢如此猖狂，居然要策反马超呢？

这个潜伏在刘备身边的间谍不是别人，乃是谋士彭羕。

根据《三国志》记载，彭羕，字永年，广汉人。身长八尺，容貌甚伟。此人为人一向心高气傲，好口吐狂言。在刘璋手下做一个小小的书佐，也就是秘书，因为群众关系不好，得罪了周围的同事，被众人告状，被处以髡钳之刑，就是剃光了头发，脖子上给戴一个铁环，这是很羞辱人的一种刑罚。

彭羕（公元 184 — 220 年），三国时蜀官吏，字永年，广汉(今四川广汉北)人，官至江阳太守。

后来刘备进入四川，在庞统和法正的推荐之下，彭羕在刘备手下做了谋士，因为彭羕有一定的才华，刘备取得了西川以后，彭羕受到了破格的重用。刘备自任益州牧，也就相当省长，安排彭羕做了治中从事，相当于省政府的副秘书长。这一提拔不要紧，彭羕有什么反应呢？《三国志》记载了彭羕的表现，说这位仁兄“一朝处州人之上，形色嚣然，自矜得遇滋甚。”也就是说彭羕被提拔之后，表现得十分嚣张，十分得意，不把别人放在眼睛里了。

那诸葛亮对彭羕是个什么态度呢？大家注意，诸葛亮一辈子最看不上三种人：一是对上不忠，变节投降的人；二是对人不敬，自大狂

妄的人；三是野心膨胀，把个人利益凌驾于组织之上的人。大家看看，蜀汉政权里和诸葛亮闹矛盾的人，基本上都是这三种人。

所以，小小的彭羕，寸功未见就如此嚣张狂妄，引起了诸葛亮十二分的反感。诸葛亮悄悄告诉先主，说彭羕野心很大，需要多做防备。刘备一向很信赖诸葛亮，听诸葛亮这么一说，再看看彭羕的行为，确实有一些问题，所以刘备就降了彭羕的职，将他贬为江阳太守。

其实，这是刘备测试彭羕的一个手段。刘备也很高明，他其实是想借着贬职这件事，测试一下彭羕的工作态度和忠诚度。如果彭羕毫无怨言，愉快地走上新的工作岗位，那么说不定不久的将来，刘备就会捐弃前嫌，重新重用彭羕。这样，诸葛亮等等瞧不上彭羕的人也就无话可说了。这对于彭羕本人也是一个改善形象的好机会。

不过彭羕可没有这个胸怀和眼光。他也不理解一起一落方显忠诚的基本道理。彭羕正在风光无限、春风得意的时候，忽然接到了贬职的文件，那真好比盛开的花朵遭了霜打，骄傲的公鸡挨了水泼。《三国志》中记载，彭羕心里十分不痛快，于是来拜访马超。

马超就问彭羕：“您彭先生才能出众，主公另眼看待，十分器重，怎么突然要外派去一个小地方呢？”彭羕说了一句非常难听的话：“老革荒悖，可复道邪！”这句话翻译成现代汉语就是：“刘备这个老家伙昏庸糊涂，我还有什么可说的呢？”骂完了，彭羕还觉得不解恨，于是又顺口说了一句狠的，就这么一句话，给彭羕引来了杀身大祸。什么狠话呢？彭羕对马超说：“卿为其外，我为其内，天下可定。”这明摆着是撺掇马超谋反啊！

所以我们常说，病从口入，祸从口出！真是这个道理。彭羕此处发牢骚，其实就相当于今天我们在单位被领导批评了，心里不痛快。人在不痛快的时候或者找领导去汇报汇报思想，或者自己反思一下，有什么问题下决心改正，再不行就回家，睡一觉，调整调整情绪。

这些都可以做，然而心里不痛快，最怕的就是越是不痛快，越是要找人发泄，管不住自己的嘴。所以人在闹情绪的时候，千万不能乱说话。

人际关系管理中就有专门应对坏情绪的两种小方法，一种叫做冷冻法。就是当自己非常生气的时候，要想象自己是一块冰，被结结实实冷冻住了，不说也不动，坚持一会，情绪就会逐渐恢复正常。因为所有引发灾难后果的行为，都是在发脾气生气的头三十多秒爆发的，比如砸电视、烧房子、打老婆、跳楼，都是这么爆发的。这叫做魔鬼三十秒。只要在最初怒火爆发的时候，把自己管住，过一会儿冷静下来也就不会出什么问题了。另一种叫做转移法，心里不高兴，实在调整不过来，那就离开现场，换个环境，做点放松的事情，比如散散步、听听音乐，焚一炷香，读几页书，或者看个电影什么的，都可以。千万不能心里不高兴张嘴就说，什么解恨说什么。

所以，大家记住，往往当时最痛快、最解恨的话，也是事后最后悔的话！我们每个人都要管住自己的不良情绪，要做自己情绪的主人，而不是情绪的奴隶。

彭羕就是一个管不住自己的情绪，也管不住自己嘴巴的人。他根本没有调整自己，反思自己，而是一肚子怨恨对着马超说下了惹下滔天大祸的话。马超当场默然不答，表现出很不介意的样子。等彭羕一走，马超就直接给刘备写了一个报告，把彭羕的话全部汇报上去了。彭羕因煽动大将造反直接被抓进了监狱。

从这个例子里边，我们就能看出彭羕此人情绪大于理智，私情大于事业，特别是管不住自己的嘴！古往今来，有太多的人，败都败在这一点上！

彭羕是刘备入川后队伍中第一个犯了严重错误的干部。大家注意，当时刘备手下存在两大干部集团，一个是从荆州入川的干部，如诸葛亮、赵云、魏延、马良等人，另一个则是刘璋手下归降的干部，这个群体人数众多，而且构成十分复杂。刘备最担心的就是有人乘着自己立足未稳，捣乱闹事，所谓“一颗老鼠屎，坏了一锅汤”。正担心的时候，彭羕自己就冒出头来了，这下正好撞在枪口上！

《三国志》当中专门记载了一封彭羕写给诸葛亮的信，这封信当中，彭羕一边为自己的言行辩解，一面哀求诸葛亮出面说说情，央求刘备宽恕自己。

大家看看，彭羕现在清醒了，知道闯祸了，可是晚了！中国人常说：说出去的话，泼出去的水，覆水难收啊！早知道不该说，当初为什么不管住自己的嘴呢？彭羕真是追悔莫及。但是此时此刻谁也帮不了他，因为他的行为已经不是发发牢骚、骂骂领导那么简单了。他属于煽动叛乱谋反，而且煽动的是五虎大将之一的马超。诸葛亮和刘备态度都很明确——一定要处理。

问题员工就像是地雷，很多人在发展事业的过程中都会遇到。这个地雷是引爆处理掉，还是息事宁人绕过去算了呢？

在这个问题上，有人就会犯糊涂。我曾经接触过这样一个案例，某单位搞土建工程，开工不久，审计部门就发现有个负责采购的人虚开发票，冒领材料款，于是立刻向领导班子汇报。经过三堂会审，决定给予严肃处理。结果这个时候，说情的就来了，当事人自己也痛哭流涕表示要痛改前非。领导心一软，说那好吧，反正额度也不大，下不为例，事情就马马虎虎过去了。

结果这样一来就糟了。首先周围人的议论就出来了，一种说领导偏心，一碗水端不平，拿着大家的事业送人情，这还是好的；另一种更厉害，说领导自己也有问题，和出问题的家伙是一伙的！这下子领导的威信、管理的权威都受到了很大的影响。更要命的是，后来这个工程上接连出了好几起经济上的问题，而且金额一起比一起大，这个被饶过的人也牵涉其中。结果，领导自己因监督不力被处分了，不久就调离了原单位，工程也一拖再拖，损失很大。

这就是我们常说的——姑息纵容、贻害无穷。带团队就是要敢于和善于使用惩罚手段，该处理就得处理，小病不治会带来大病，一定要“惩前毖后，治病救人”。就算骑千里马，手里也要有根鞭子。没问题的时候，大家可以一团和气，有了问题，就是要电闪雷鸣，教育本人，教育周围人，也挽救事业。因此处理问题员工绝不能手软，姑息纵容。

那么诸葛亮是如何处理问题员工的呢？我们来看一看他的具体做法和策略——

策略一
设置底线，留有余地

说到这个策略，就要提到诸葛亮手下一个非常有分量的人，此人名叫李严。

这个李严可不是一般人物，刘备托孤的时候，把后事托付给了两个人：一个是诸葛亮，另一个就是这位李严。李严，字正方，荆州南阳人。本来是刘表的部下，曹操占领荆州的时候，李严归附了刘璋。建安十八年，李严被刘璋任命为护军，在绵竹抵挡刘备，结果李严率众投奔了刘备，刘备占领成都以后，任命李严担任犍为太守、兴业将军。

李严（?—234年），后改名李平，字正方，南阳（今河南南阳）人。三国时期蜀汉重臣，与诸葛亮同为刘备临终前的托孤之臣。

章武二年，先主征召李严到了永安宫，拜为尚书令。章武三年，刘备病情加重，在病榻前，李严与诸葛亮一同接受遗诏，成为托孤大臣。

那么刘备为什么要托孤给李严呢？

其实这里是颇有深意的。首先，当时，刘备手下的干部分为两大集团，一个是从荆州随刘备入川的干部，一个是益州刘璋手下归顺的干部。诸葛亮代表荆州集团，李严代表益州集团，刘备希望能平衡这两大集团的权力分配，使他们团结起来共图大事。

其次，托孤的时候，李严被任命的职务是尚书令、中都护，统内外军事，职务偏军事，和诸葛亮丞相的职务正好互补，一个政治一个军事，各有侧重，平衡了政治和军事。同时，把权力交给两个人，也有防止一家独大，制衡诸葛亮权力的味道。

在托孤大臣中增添一个李严，目的很明显，首先是平衡，其次还是平衡。

那么，我们不禁要问了，蜀汉政权那么多干部，为什么刘备偏偏选李严担负这个责任而不是别人呢？

说到这里，我们还得说刘备确实是慧眼看人，李严具备四个优点：一、李严年富力强，是益州干部中的代表人物；二、李严的才干突出，而且政治军事才能都很突出。从当年在荆州刘表手下开始，李严就一直做郡县长，有多年基层工作经验，这种能力是庞统、法正、蒋琬等人都不具备的，刘备占领成都以后，任命李严担任犍为太守，李严把地方治理得非常出色。建安二十三年，刘备在汉中和曹操大战，后方有盗贼马秦、高胜等人合聚数万人造反，李严没有让刘备调动一兵一卒，率郡兵五千人打败了叛军，用很小的代价解了刘备的后顾之忧。刘备大悦，晋升李严为辅汉将军。

三、李严的态度很鲜明，首先是反对曹操，当年荆州归顺了曹操，很多刘表旧部都归降曹操了，唯独李严态度很鲜明，宁可归附刘璋也不投降曹操；同时李严又是益州干部中非常支持刘备的一个，在刘备称汉中王以及称帝过程中，都起了非常大的作用，一方面大造声势，一方面带头劝进。

四、李严的背景很合适，他是南阳人士，有荆州背景，又属于益州集团，是横跨两大集团的骨干，安排他辅政，能起到团结一切可以团结的力量、共图大事的目的。

正是由于以上四个原因，刘备才在托孤的时候安排诸葛亮为正，李严为副，这个人事安排从各个方面来看，都可以说是煞费苦心。古往今来，托孤大臣之间的关系都是非常微妙的，属于竞争加合作，既是战略伙伴，又是战略对手。诸葛亮和李严的关系也属于这个类型。

按照《三国志》的记载，我们梳理了一下，发现孔明和李严的关系可以分为三个阶段：

一、蜜月期。这一阶段概括起来，从章武二年一直持续到建兴四年，大约五年左右。章武二年，刘备病中，他把李严召到永安宫，任命为尚书令。章武三年，刘备把在成都的诸葛亮也召来，让李严与诸葛亮并受遗诏辅佐后主，李严为中都护，统内外军事，留镇永安。从此李严和诸葛亮开始了事业合作。诸葛亮为正，李严为副。从托孤的公元 222 年一直到建兴四年（公元 226 年），五年的时间里，诸葛亮和李严两人关系比较好。两个人关系的特点是“各管一摊，相安无事”。诸葛亮在给孟达的信中还称赞李严“部分如流，趋舍罔滞，正方性也。”李严也称赞诸葛亮说：“吾与孔明俱受寄托，忧深责重，思得良伴。”大家看看，二人此时真的是互相肯定、互相支持。

不过在相安无事的背后，却包含着危机。托孤以来，诸葛亮总揽朝政，在成都主持全面工作，而李严先是留镇永安（今四川奉节），后来又移驻江州（今重庆），一直没有机会接近政治中心，有一种被边缘化的感觉。

作为托孤的大臣，李严当然不甘心，于是在他和诸葛亮之间，有关于职位和权力分配的矛盾逐渐就加深了。

二、疏离期。这个时期大约是在建兴四年到建兴八年。有两件事让诸葛亮对李严十分反感。一件事是李严劝诸葛亮称王。李严写信给诸葛亮，建议利用掌握朝政大权的便利，像曹操那样进爵封王，接受“九锡”，也就是享受最高级的待遇。诸葛亮对此非常生气，在回信中狠狠批评了李严一通。

第二件事是李严参加北伐讲条件。蜀汉建兴五年（公元 227 年），此时曹丕已死，魏明帝曹叡继位。诸葛亮准备北伐，调李严统兵进驻汉中协助自己。李严接到命令，却推三阻四不肯出发，而且要求划出五郡，建立巴州，让他当刺史。

建兴八年（公元230年），诸葛亮再次准备北伐，又打算调李严镇守汉中。李严却趁机大谈曹魏的托孤大臣比如司马懿等人都已经开府建立了自己的办事机构，实际上是借别人说自己，要求自己也享受这个待遇。

大家想想，这属于什么性质的问题？那边都着火了，你不去救火，还拿着灭火器先讲条件。这个问题的性质说小了，是不顾大局，说大了就是敲诈勒索。以诸葛亮的脾气，怎么能容忍这个？但为了顾全大局，诸葛亮任命李严的儿子为江州都督督军，接替李严调走后的工作，李严这才执行调动命令。

这个阶段两人的关系可以概括为——“渐生隔阂，互相观望。”

三、决裂期。这一阶段从建兴九年一直到李严被免职。其实诸葛亮开始对李严还是抱有期待的，李严到了汉中以后，诸葛亮仿照刘备对自己的安排模式来安排李严。以前，刘备是自己在前边作战，让诸葛亮管后勤；现在诸葛亮如法炮制，自己在前边指挥打仗，让李严管后勤。

但是真的应了那句老话——“忠厚长者波折少，是非之人变故多！”

建兴九年（公元231年），诸葛亮第四次北伐，李严在汉中负责后勤供应，《三国志》记载说：“秋夏之际，值天霖雨，运粮不继。”结果李严未及时筹集到粮草。怎么办呢？

其实谁也难免工作有失误，更何况还有天气方面的客观原因。此时的李严本应该坦诚地承认错误，自觉接受批评。人非圣贤孰能无过，过而改之善莫大焉！

但是李严没有承认错误的勇气和胸怀，他选择了掩盖。我们说，

犯了错误以后，抱着侥幸心理，用第二个错误来掩盖第一个错误，那你不想想，第二个错误用什么来掩盖呢？那就得用第三个错误掩饰第二个错误，再用第四个错误来……这样就只能掉进泥潭，越陷越深了！

所以说，犯了错误，企图耍小聪明、蒙混过关的人，不但是没有勇气和胸怀，而且还特别糊涂。

李严就是这种人，他还用了特别小人的办法来掩盖自己的工作失误，他写信给诸葛亮说皇上命令退兵。诸葛亮退兵后，李严又欺骗朝廷说此次退兵是为了诱敌。当诸葛亮回来后，李严故作惊问：“军粮已经够用，为何突然退兵？”这种两面三刀的做法终于激怒了诸葛亮，诸葛亮在上朝时拿出李严的书信为据，与许多将士一道签名上表，弹劾李严，将他免为庶人，流放到梓潼。

这个阶段，诸葛亮和李严的关系概括起来就是——“矛盾爆发，彻底摊牌！”

其实有很多人为李严鸣冤叫屈，说同为托孤大臣，你看诸葛亮大权独揽，李严却一点权力也没有，被安排在外地，整个被边缘化了。李严之所以讲条件，是在反抗不公正的待遇，争取应得的权力。其实这个话也不无道理。按照史书的记载，我们确实发现，李严作为一个托孤大臣，手里的权力比诸葛亮小一些，掌握的资源比诸葛亮少一些。

不过，即使这些都是事实，也不足以成为李严犯错误的理由。

李严争取个人待遇的举动，心情上是可以理解的。我们也赞成一边干事业，一边要改善职工待遇这样的管理方法。

不过，在争取个人待遇的过程中，李严这个问题员工犯了三个致命的错误，把本来可以博得同情支持的事情，变成了人人不齿的事情。李严犯了哪三个错误呢？

一、身为副职，挑拨是非闹矛盾，有意和正职不配合。刘备托孤的时候，说得很清楚，诸葛亮为正，李严为副，副手副手，附加一只手，意思就是让李严配合诸葛亮，服从诸葛亮的领导。李严非但不服从诸葛亮的领导，而且要求和诸葛亮分享同样的权力，他把自己也当成诸葛亮了。这属于没摆正位置！

二、把个人得失凌驾于事业之上。托孤大臣，托的是事业，需要的是奉献，领导者首先意味着更多的责任、更多的付出，而李严显然不是这么理解的，他把托孤这件事变成了自己进步的台阶和讨价还价的筹码。想的不是事业，而是个人捞取好处。只有名利心，没有事业心。大家可以拿一个人和李严比一比，这个人就是赵云赵子龙，刘备托孤的时候，无论从资历、贡献还是声望上看，赵云都比李严高一截，李严被封为尚书令、都乡侯，而赵云却更低，只是镇东将军、永昌亭侯。等到北伐的时候，拒绝上前线的李严已提拔到了骠骑将军（汉代军职里，最高是大将军，第二就是骠骑将军，李严已经快到了和丞相平起平坐的位置了），却还在那里发牢骚，要待遇不肯上前线；而同时期的赵云身为两代老臣，还救过后主的性命，古人说功高莫过救驾，这么大的功劳、这么老的资格，还要在战场上出生入死，职位却依然是镇东将军，比李严低了很多，而且马谡失街亭以后，赵云在诸路大军里是撤退得最成功的，但还是受牵连被贬为镇军将军，降了一级。出生入死打仗的赵云被降级了，不干活讨价还价的李严被提拔了还觉得受委屈，大家想想，这种情况要是发生在我们身上，我们会是什么感受，我们能不生气吗？但是赵云争待遇了吗？发牢骚了吗？没有！人家依然无怨无悔地战斗在北伐的前线。李严的境界和赵云相比差远了。

三、拿着事业和责任做筹码，讨价还价。这一点是李严最严重的错误。大家看看，大敌当前，北伐正是用人之际，不想着为国家出力，为事业尽责，反而按兵不动，要挟上级！这属于什么性质的问题？人

品问题！大家想想，这个李严，就算政府拖欠了你的工资，诸葛亮没让你当刺史，你难道就不爱国了吗？难道就不保卫国家了吗？

我们自己也一样啊，难道父母对哥哥偏心了，冷落了弟弟，那弟弟就可以不赡养父母吗？难道单位让我们受委屈了，办公室发生火灾我们就可以不救了吗？

当然不能！所以，什么是责任？就是没有任何借口，无论何时何地，一定要一丝不苟把该做的事情做好；什么是忠诚？就是即使受了委屈、受了不公的待遇，也要不折不扣地履行承诺！

个人待遇可以争，但是绝不能拿着责任讨价还价！从这一点上看，李严的境界和诸葛亮、赵云等人比差得太远了。光凭这一点来看，这样的干部确实不该重用，诸葛亮如果有意冷落李严，那还真是有道理的。一个人没有事业心，没有责任感，一天到晚满脑子都是个人待遇、个人得失，这样的人怎么能托付大事。

做人要淡泊，做事要执著。做凡人，做小事，可以多计较；做高人，做大事，就得多超脱！李严在自我修养上确实有欠缺。不过即使李严是这样的人，诸葛亮也没有完全排斥他，而是使用了一定的方法来团结他和激励他。

管理智慧箴言

做人要淡泊，做事要执著。

一是容忍差异，设置底线。

如果说驱动诸葛亮、赵云的是事业心、责任心，那么驱动李严的就是名利心。对于这样的干部，蜀汉政权里有很多人都看不惯。《三国志》当中就记载，陈震等干部很早就到诸葛亮这里汇报李严的种种不良行为。但是诸葛亮并没有因此疏远李严，相反，诸葛亮还满足了李严很多职位和待遇上的要求。

刘备托孤以后，诸葛亮回到了成都，李严则留镇永安。诸葛亮为武乡侯，李严为都乡侯。建兴四年（公元226年），李严由辅汉将军晋升为前将军，此前前将军的职务一直是关羽担任的。建兴八年（公元230年），李严又由前将军晋升为骠骑将军，此前是由马超担任的。让李严担任关羽、马超担任过的职位，可以说是给足了李严面子。而且据《后汉书》记载，在军队职务当中，地位最高的是大将军，其次是骠骑将军，又次车骑将军，再次卫将军。大将军和骠骑将军“位次丞相”，李严可以说是一年一个台阶迅速上升。而且诸葛亮还满足了李严对地盘的要求，把永安的地盘和部队交给李严管理，又把江州（也就是重庆）的地盘和部队也交给李严，为了劝说他参加北伐，诸葛亮在提拔李严的同时还把他的儿子李丰提拔为江州都督，统帅江州军队。

那么像李严这样私心重的人，诸葛亮为什么要一再满足他的要求呢？道理只有一个，为了大局，为了团结。前边说了，刘备清楚地看到，政权要稳定，必须要团结益州原来的一大批干部。李严有才干，有影响力，可以起到带头作用，团结了李严，就能带动一大片。这一点，诸葛亮也同样看到了。

《三国志·李严传》当中，记载了诸葛亮的一段话，原文是：“臣知平鄙情，欲因行之际偪臣取利也，是以表平子丰督主江州，隆崇其遇，以取一时之务耳。平至之日，都委诸事，群臣上下皆怪臣待平之厚也。正以大事未定，汉室倾危，伐平之短，莫若褒之。”

干事业就是这样，我们境界高，但是不一定人人境界都高；我们大公无私，不一定人人都大公无私；我们热爱事业，不一定人人都热

爱事业，很多东西是强求不来的。当领导的要有胸怀，容忍别人境界比自己境界低。

无论他境界高低，只要能激励他努力，引导他为事业做贡献也就可以了。

所以，管理不是要把人人都改造成天使，而是要引导人人都做出天使的行为。好的管理能引导魔鬼做天使做的事；坏的管理会逼着天使做魔鬼做的事情。管理的核心不是要改变一个人，而是要引导一种行为。诸葛亮之所以要容忍李严，原因就在这里。不过容忍不是无限度的，无限度的容忍就变成了放纵。

管理智慧箴言

管理不是要把人人都改造成天使，而是要引导人人都做出天使的行为。好的管理能引导魔鬼做天使做的事；坏的管理会逼着天使做魔鬼做的事情。

诸葛亮给李严设了一个底线，这个底线就是“服从中央，支持北伐”。诸葛亮的原则是，一定要把整个队伍的思想统一到“北伐兴汉”这个目标上来，只要李严做到这一点，其他的都好谈。

二是给出路，留余地。

后面我们看到，诸葛亮的良苦用心落空了。李严对北伐缺乏认同感，缺乏投入，而且为了个人私利，他还给北伐设置障碍，制造问题。

一旦爆发了这样的问题，诸葛亮当机立断，决定不再容忍，立刻处理李严。搞管理就是这样，要给下属设高压线，如果不碰，那么你好我好大家都好，谁碰了，坚决要处理他！

不过诸葛亮在处理李严时，没有简单粗暴地一棍子打死，还是使用了技巧。什么技巧呢？首先是列举事实，暴露矛盾。在两次弹劾李严的表文当中，诸葛亮提到：一、自先帝崩後，平所在治家，尚为小惠，安身求名，无忧国之事；二、臣当北出，欲得平兵以镇汉中，平穷难纵横，无有来意，而求以五郡为巴州刺史；三、去年臣欲西征，欲令平主督汉中，平说司马懿等开府辟召。臣知平鄙情，欲因行之际偪臣取利也。

其次是走民主路线，把个人想法变成大家的处理意见。诸葛亮不是一个人决定怎么处理李严，而是集思广益，在“关于处理尚书令李严的请示”当中，署名的将领有两个军师，前后左右四个将军，五个护军将军，六个参军，两个监军，一个典军，一个长史，一个从事，合计多达二十二名干部，诸葛亮班子里所有的人都署名了，并且在会议上表达了自己的处理意见。这样一方面增加了权威性，一方面减少了周围人的误解。

第三是留余地，提希望，绝不一棍子打死。李严被废以后，诸葛亮专门写信给李严的儿子李丰，主要内容是安慰李严和李丰，其中有两句话说得很恳切：一、“原宽慰都护，勤追前阙。今虽解任，形业失故，奴婢宾客百数十人，君以中郎参军居府，方之气类，犹为上家。”大致意思是：希望你能劝解你的父亲，振作起来，认真改正以前的错误。现在虽然没有职务了，但是家中要钱有钱，要奴仆有奴仆，你又是中郎参军，你们家还依然是上等之家，你们的日子还是好日子。

二、“否可复通，逝可复还也。详思斯戒，明吾用心，临书长叹，涕泣而已。”大致意思是：错误的可以改正，失去的可以追回来。请认真吸取这次的教训，了解我的用心。

诸葛亮之所以这样做，是因为李严的贡献还在，才华还在，影响力还在，而且西川的干部都看着呢，如果下狠手处理，甚至要了李严的命，那么可能会造成不好的结果。所以，诸葛亮在处理的时候，给李严留了面子、留了待遇，还亲自安慰，鼓励进步。像李严这种工作态度有问题的干部，应该说，诸葛亮的处理是比较科学合理的。

然而在蜀汉队伍当中，除了李严这种工作态度不端正的问题员工以外，还有另一类问题员工，属于工作方法有问题，导致事业的巨大损失。这类人中最典型的代表人物就是马谡。那么对马谡这种有信任、有感情，但工作方法有问题的问题员工，该怎么管呢？

策略二
严肃纪律，强化感情

马谡是诸葛亮的亲信。领导最尴尬的事情就是自己的亲信犯错误。这类人一旦犯了错误，周围所有的人都盯着领导，看你怎么处理。首先不能处理轻了，处理轻了，有人说你内外有别，偏向自己人；其次也不能处理重了，处理重了有人说你心狠，不重感情。这二者之间需要保持一个很好的平衡。那么当亲信犯了错误，究竟该怎么办呢？我们来看看诸葛亮的做法。

《三国志》和《资治通鉴》都有记载，蜀汉建兴六年，也就是公元 228 年的春天，诸葛亮发兵伐魏。一路势如破竹，南安、天水、安定三郡叛魏应亮，关中响震。在大好的形势下，诸葛亮不用旧将魏延、吴懿等大将，却委派参军马谡镇守街亭。为什么派马谡呢？首先诸葛亮有信心，北伐一定成功；其次诸葛亮有私心，街亭是此役的关键点，北伐胜利了，街亭守备司令是第一功，这个功要留给马谡。结果没想到马谡违抗命令，舍水上山，不守城池，导致全军大败，葬送了来之

马谡（公元 190—228 年），字幼常，襄阳宜城（今湖北宜城南）人，侍中马良之弟。初以荆州从事跟随刘备取蜀入川，曾任绵竹、成都令、越嶲太守。诸葛亮北伐时因作战失误而失守街亭，被诸葛亮所斩。

不易的大好形势。这个段子就是著名的“马谡失街亭”。

曾经有朋友问我在三国谋略里边我最喜欢哪一个，我回答说最喜欢的就是诸葛亮挥泪斩马谡。这里边包含着中国古代人际关系的闪光智慧。京剧有出戏叫《失空斩》——失街亭，空城计，斩马谡，专门说的就是这段故事。话说马谡吃了败仗之后和副将王平一起回来交令，诸葛亮对马谡也没打也没骂，而是数落他：“幼常啊幼常啊，你哪里是幼常，你是幼稚啊。让你依山傍水当道扎营，你为何不听？！”

马谡低头了，说丞相我错了，你罚我吧。诸葛亮叹口气，我不罚你，说着话拿出一张纸来——军令状，诸葛亮说：“幼常啊，有军令状在此，打了败仗提头来见，左右推出去，把他斩了！”

一见诸葛亮真要杀自己，马谡有点急眼了。其实诸葛亮跟马谡的关系特别不一般：马谡的亲哥哥马良是诸葛亮的老乡兼同学，马谡是

诸葛亮的学生加弟弟。而且马谡的才华挺高，比如诸葛亮南征，七擒孟获定南中这个策略就是马谡给提的建议。马谡说：“求求你丞相，我家里上有老下有小，能不能戴罪立功啊，给我个机会行不行啊？”一句话把诸葛亮的眼泪说下来了，《资治通鉴》是这么描述的：“收谡下狱，杀之。亮自临祭，为之流涕，抚其遗孤，恩若平生。”

就是说孔明当场哭着对马谡说：“幼常啊，杀你和剜我的心一样啊！可是军令状在此，不是我要杀你，是制度要杀你，军法无情啊！至于你的身后事，你不用担心，你的高龄老母我来照顾，你的妻儿老小我来照顾，你就放心吧！”结果就把马谡给杀了。

杀了马谡之后收到两个效果：第一、全军胆寒，大家觉得千万不能犯错误了，马谡那么铁的关系，那么高的才华，犯了错误还是给斩了，制度无情啊！第二、大家就说：丞相真是好人啊，真关心下属！

各位看看，杀了一个人，既让人畏惧又让人感动，这个很厉害啊。这个策略就叫“掉眼泪杀人”，用温柔的手段做冷酷的事情。制度越是严，言语越要柔和。

大家想想诸葛亮为什么哭，他说是不忍心，不忍心就别杀了呀，他说有军令状。可是各位想想，华容道关羽拦曹操有没有军令状？有吧，不是也没杀嘛？

在诸葛亮斩马谡这件事上，诸葛亮杀是真心，哭也是真心。

你看现实生活中，很多领导不懂这个道理，吹胡子瞪眼，大喊大叫把员工给开除了，开除了不要紧，明天公司里就有人说：“哎呀，看领导和和气气的样子，原来是装的，你看手这么狠，性格扭曲，十有八九是家庭生活不幸福吧。”你看，领导的权威是有了，但是个人形象完全破坏了，一点亲和力也没有。

诸葛亮高明就在这里，越下狠手的时候就越要掉眼泪，既强化了制度的权威，教育了众人，也树立了自己的形象，收拢了人心。这叫做用温柔的手段做冷酷的事情。一个高明的领导，一定是既让下属爱又让下属怕的领导。一个高明的父亲，一定是一个既让儿子爱又让儿子怕的父亲。

在处理完马谡以后，诸葛亮立刻上书自贬，言语恳切，主动承担责任，自贬三等，从丞相贬为右将军，行丞相事。

孔明此举不光是责任感的体现，也是管理智慧的体现。诸葛亮在失败以后，把包括自己在内的领导班子主要责任者都贬了，一下子就树立起了制度的威严和管理的形象。相反，如果出了事情，领导推卸责任，处理几个不大不小的小虾米了事，那下次可能就没人再敬畏制度了，问题就会更严重。

管好了眼前的干部，振奋了队伍的精神，诸葛亮还面临更大的挑战，什么挑战呢？就是如何用好年轻人。我们都知道，长江后浪推前浪，一代新人换旧人，基业长青必须后继有人，做事业必须要有人才梯队才行。年轻人的培养和使用决定未来。只有拥有了年轻人，才真正拥有了未来。那么孔明先生究竟是如何培养和使用年轻人的，他运用了哪些策略呢？请看下一讲。

第八讲

成功来自调心态

有个成语叫做“明修栈道，暗渡陈仓”，相信很多人都耳熟能详。这个故事在《三国演义》第九十八回有记载，叫做“追汉军王双受诛，袭陈仓武侯取胜”。

不过，这个题目只说对了一半，追汉军的魏将王双确实被斩了，但是诸葛亮在袭击陈仓的战斗中并没有取胜。

这段故事在《三国志》和《资治通鉴》中都有明确的记载。公元 228 年，也就是蜀汉建兴六年十二月，诸葛亮二次北伐，兵围陈仓，当时诸葛亮有几万生力军，而陈仓守军只有一千多人，实力对比十分悬殊。

镇守陈仓的将领名叫郝昭，太原人，为人雄壮，自幼从军，屡立战功，镇守河西十馀年，经验十分丰富。一开始，诸葛亮准备使用劝降的方法，他派郝昭的同乡靳祥到城下招降。然而郝昭的态度十分坚决，《三国志》中记载，面对靳祥的游说，郝昭在城楼上斩钉截铁地回答：“魏家科法，卿所练也；我之为人，卿所知也。我受国恩多而门户重，卿无可言者，但有必死耳。卿还谢诸葛，便可攻也。”意思是：你别来劝了我已怀着必死之心。这段话可以说是掷地有声，铁骨铮铮。

靳祥回来后向诸葛亮做了汇报，估计诸葛亮起了爱才之心，又重新把靳祥派回去，告诉郝昭，“人兵不敌，无为空自破灭”。意思是我有几万大军，而你只有一千多人，不要以卵击石。郝昭回答得更干脆：“前言已定矣。我识卿耳，箭不识也。”意思就是你别再啰嗦了，再啰嗦我就拿箭射死你！

于是，游说不成，只有开打！这场战斗在史书（《三国志·魏书·明帝纪》和《资治通鉴》）中有一段惊心动魄的描写：

“亮自以有众数万，而昭兵才千馀人，又度东救未能便到，乃进兵攻昭，起云梯冲车以临城。昭於是以火箭逆射其云梯，梯然，梯上人皆烧死。昭又以绳连石磨压其冲车，冲车折。亮乃更为井阑百尺以射城中，以土丸填堑，欲直攀城，昭又於内筑重墙。亮又为地突，欲踊出於城里，昭又於城内穿地横截之。昼夜相攻拒二十馀日，亮无计，救至，引退。”

按照上边的记载，这场战斗的场面是十分宏大的，蜀军伤亡惨重。

蜀军使用云梯，郝昭使用火箭。

蜀军使用冲车，郝昭使用石墨。

蜀军使用井阑加土丸，郝昭使用重墙。

蜀军使用地突，郝昭使用横沟。

就这样你来我往二十多天，小小的陈仓城在诸葛亮统帅的几万精锐面前，竟然岿然不动！这确实是三国诸多战役中的一个奇迹，奇在名不见经传的郝昭，竟然能以弱胜强挡住战神诸葛亮的轮番进攻。

这件事，曹魏那么多大将都做不到，三国中那么多牛人都做不到，但是郝昭居然做到了。郝昭凭的是什么呢？

从曹魏一方看，原因首先是准备充分，以逸待劳；其次是调度有方，临阵不乱；第三是主将沉着，三军团结。

而从蜀汉一方看，有一个因素成就了郝昭的胜利。就是诸葛亮这次北伐，不是非要攻城略地，主要目的是牵制曹魏，配合东吴。因为在此前，东吴已经和曹魏开战，司马懿、张郃指挥大军集中力量，准备在东线对东吴动手，东吴战事吃紧。

为了配合友军，诸葛亮才率军北上（只带了二十多天的粮食）。此次北伐采取的是“明修栈道，暗渡陈仓”的策略，一边在斜谷那边修着破损的栈道，一边大军偷袭陈仓。只不过是想渡陈仓却没渡过去。

《三国志·曹真传》透露了一个信息：其实，曹真之前已经料到蜀军会来陈仓，早已安排手下备战陈仓，防备诸葛亮进攻了。陈仓城高大坚固，加上守军早有准备，按说诸葛亮应该对这些情况完全掌握，但是他为什么还要来攻呢？

从吴蜀联盟的角度来看，此战为的是协肋东吴、牵制曹魏，让曹魏天法全力在东线作战。从蜀汉角度来看，也是为了趁虚而入，见缝插针。换句话说，陈仓能打下来最好，打不下来也行。只要能起到震慑敌人、调动敌人的目的就可以！

二十多天以后，敌人被调动了，战役的目的达到了，诸葛亮就主动撤退了。并且在撤退过程中，还杀了一个精彩的“回马枪”，就是主动设伏，斩杀了曹魏大将王双。

从陈仓之战上我们可以看到，诸葛亮做事情是有两手准备的。

首先陈仓战役有一高一低两个目标，高级目标是趁虚而入、占领陈仓，低级目标是震慑敌人、调动敌人。假如达成高级目标有困难的话，达成低级目标也可以。

其次，在安排重大行动的时候，既为胜利前进做好充分的准备，也为安全撤退做好充分的准备。打得赢就打，打不赢就撤。始终把握战争的主动权，不但走得了，而且走得好。敌人敢来追，还能吃掉他！这些都是非常高明的智慧。

我们看到，很多人做事情常常犯两个错误。一种错误是只有单一目标，缺乏弹性，一旦情况发生变化了，不是惊慌失措，不知道怎么办，就是墨守成规，还按原来的办，这样就很容易导致失败。另一种错误更常见，就是只为前进做好准备，没有安排撤退路线。一旦情况有变，事情不成，立刻就陷入混乱，溃不成军，兵败如山倒。

其实，挫折是最能检验一个领导者的水平的。

一个智慧的领导者，不仅仅会达成预期目标，一路高歌猛进，而且也一定要善于因势利导，调整目标，顺利撤退。人生不可能总是顺境，事业不可能总是成功，不善于做好两手准备的人，往往会因为一点点小事就陷入失败。

“知进知退，料成料败”，这才是真正成功者的品质。这一点我们确实应该向孔明先生多多学习。

我们知道，孔明自新野起兵、赤壁大战以来，军事上都是很成功的，各方面也都比较顺利。

一个一直比较成功、比较顺利的人，能够随时为挫折和退却做好准备，这一点尤其难能可贵。能做到这一点，说明在诸葛亮身上有一种特别独特的成功禀赋，就是“冷静清醒，从不自大”。世界上是有很多墙的，但是有一道墙，就有一道门。什么人过不去这个门呢？就是把自己看得太大的人。只有头脑发热，把自己看得太大，把头抬得太高的人，才会结结实实地撞在门框上！

即使再成功，也不能发烧，一定要冷静清醒。孔明先生给我们做出了好榜样。

那么，诸葛亮的冷静清醒具体都表现在哪些方面呢？我总结了以下几条。

策略一

放低姿态，放长眼光

我们在前面第三讲中讲过“张松献地图”的故事，这个故事体现了诸葛亮懂得做人做事要“放低姿态，躬身接水”的道理。躬身接水，是一种境界，也是一份智慧。

还有一件事情也体现了诸葛亮放低姿态、放长眼光的智慧。这件事发生在陈仓大战之后的第二年，也就是蜀汉建兴七年（公元 229 年）。这一年孙权在东吴称帝了。这件事对蜀汉震动颇大。以前吴蜀联合，一直使用的名义是“兴复汉室，扫灭曹贼”。现在竟然孙权也称帝了，“兴复汉室”的名义已经不存在了。东吴不仅没有扫灭篡位的曹贼，他自己也成了篡逆的孙贼。

于是，蜀汉内部就有一种声音，主张和东吴孙权绝交。

究竟要不要和孙权绝交，应该如何看待孙权称帝背汉这件事情呢？

诸葛亮体现出了务实的态度和卓越的眼光。

《三国志》裴注引述了《汉晋春秋》的记载，详细记录了诸葛亮的做法。原文是这样的：

是岁，孙权称尊号，其群臣以并尊二帝来告。议者咸以为交之无益，而名体弗顺，宜显明正义，绝其盟好。亮曰：「权有僭逆之心久矣，国家所以略其衅情者，求掎角之援也。今若加显绝，雠我必深，便当移兵东戍，与之角力，须并其土，乃议中原。彼贤才尚多，将相缉穆，未可一朝定也。顿兵相持，坐而须老，使北贼得计，非算之上者。昔孝文卑辞匈奴，先帝优与吴盟，皆应权通变，弘思远益，非匹夫之为者也。今议者咸以权利在鼎足，不能并力，且志望以满，无上岸之情，推此，皆似是而非也。何者？其智力不侔，故限江自保；权之不能越江，犹魏贼之不能渡汉，非力有馀而利不取也。若大军致讨，彼高当分裂其地以为后规，下当略民广境，示武於内，非端坐者也。若就其不动而睦於我，我之北伐，无东顾之忧，河南之众不得尽西，此之为利，亦已深矣。权僭之罪，未宜明也。」乃遣卫尉陈震庆权正号。

在这里，诸葛亮分析了三个层面的道理：

第一，孙权早就想当皇帝，这个心思我们早就看出来了。如果现在我们闹翻了，双方动起手来，孙权手下要文有文，要武有武，兵精粮足，我们一时是占不到便宜的，那个时候北边的曹魏乘机坐收渔利，我们就真的危险了。过去汉文帝低调谦卑与匈奴交好，我们的先帝刘备低调谦卑与东吴交好，其实都是从大局出发的权变之计，对我们的未来发展是有好处的。

第二，有人说孙权不真心联盟，北伐不卖力气，这是不对的。孙权不是没有北伐的想法，只是他力量有限。孙权不能渡江打曹魏就像曹魏不能渡江打孙权一样，都是心有余而力不足。

第三，我们和孙权联盟有巨大的好处。一旦我们北伐了，孙权也会跟着北伐，要么占据曹魏的领土，要么掠夺曹魏的人口，这对我们双方来说都是非常有利的配合。就算是他态度消极，按兵不动那也是好的。因为只要他和我们是友好联盟，就算他不动，曹魏也会派兵防范他，于是敌人就不能尽全力来和我们作战，我们多一个盟友，敌人多一个对手，这对我们战胜强大的敌人是非常有帮助的。所以，对孙权称帝的事情，暂时不必追究为好。吴蜀联盟是最重要的。

经过一番分析，在说服了上下群臣以后，诸葛亮就派卫尉陈震出使东吴，参加了孙权称帝的庆典，带去了对孙权的祝贺。吴蜀联盟于是得到了再一次的巩固和加强。

策略二
冷静敏锐，敞开胸怀

诸葛亮这种冷静清醒的心态不光体现在国家战略上，更体现在干部使用和人才选拔上。

建兴六年（公元 228 年）一出祁山，由于马谡在街亭的失败，导致蜀军全线溃退，无功而返。可以说是大好局面毁于一旦，诸葛亮痛心疾首。

很多领导在这样的情况下，都会气急败坏，情绪失控，但是诸葛亮没有。首先他很冷静地分析原因，追究责任，处理了马谡等人，并且上书自贬，主动承担了责任。并在此过程中注意了策略和方法，这一段“挥泪斩马谡”，我们在前文已有专门的介绍。

诸葛亮的过人之处还在于，惨遭大败以后，他不但处罚了一些干部，而且还奖励和提拔了一批干部。即失败以后，不但没有气急败坏，居然还能赞美下属、奖励下属，这确实不是一般人能做到的。

那么诸葛亮主要奖励了谁，他为什么会受奖励呢？

这个被诸葛亮奖励的干部是王平。《三国志》记载，“王平字子均，巴西宕渠人也。本养外家何氏，后复姓王。随杜濩、朴胡诣洛阳，假校尉，从曹公征汉中，因降先主，拜牙门将、裨将军。”“手不能书，其所识不过十字”。

王平（?—248），字子均，三国时蜀汉将领，巴西宕渠（今四川渠县）人，官至镇北大将军、汉中太守、安汉侯。

根据以上信息我们可以看出，王平是一个降将，出身卑微，级别也比较低。另外，王平教育程度不高，不会写字，认识的字也只有十个，几乎是一个文盲。

那么，在街亭之战当中，王平表现如何呢？

《三国志》记载：“建兴六年，属参军马谡先锋。谡舍水上山，举措烦扰，平连规谏谡，谡不能用，大败於街亭。众尽星散，惟平所领千人，鸣鼓自持，魏将张郃疑其伏兵，不往偪也。於是平徐徐收合诸营遗迸，率将士而还。”

也就是说街亭一战，马谡舍水上山，王平苦苦相劝，在正确的建议得不到采纳的情况下，王平恪尽职守，正确指挥，英勇作战。马谡

战败以后，部队四散奔逃，唯独王平带领的一千多人军容严整，战鼓响亮，徐徐撤退，敌人不知道虚实，不敢大肆追杀，于是王平一路上收容散卒，率领余部安全回到大本营。

王平的表现得到了诸葛亮的赞赏，“丞相亮既诛马谡及将军张休、李盛，夺将军黄袭等兵，平特见崇显，加拜参军，统五部兼当营事，进位讨寇将军，封亭侯。”后来，在蜀汉的历次北伐作战当中，王平都做出了巨大贡献。

可以看到，实践是检验人才的试金石。

王平没有什么理论、没有什么文凭、没有受过正规教育，但是他拥有丰富的经验、坚定的信念和过人的勇气，这些都是马谡所不具备的。

按照一般的用人选人程序，王平被提拔的可能性非常小，但是，诸葛亮很了不起，在选拔人才的时候，他没有墨守成规。我们讲，“常规程序选小才，突发事件选大才。”就是说在选拔人才的时候，使用常规手段、标准流程、条条框框只能选到一般的人才。必须要有突发事件，通过实践的筛选，我们才能选到大才。

正所谓“小河淌水看鱼虾，惊涛骇浪现蛟龙。”

在现实中，我们也看到很多领导者，一方面固守着各种选人的条条框框不放，一方面又指望着能在一夜之间就选到优秀的人才，这就好比是“在旱地里挖坑等着大鱼，在石头上浇水等着开花。”

诸葛亮给我们树立了很好的榜样，值得我们借鉴和反思。

管理智慧箴言

常规程序选小才，突发事件选大才。

小河淌水看鱼虾，惊涛骇浪现蛟龙。

如果说提拔王平体现了诸葛亮高明的人才战略，那么处罚廖立就展示了诸葛亮过人的眼光。

廖立何许人也？他可是一位名满荆州的青年才俊！

《三国志》记载，“廖立字公渊，武陵临沅人。先主领荆州牧，辟为从事，年未三十，擢为长沙太守。”就是说，廖立是刘备亲手提拔的荆州年轻干部，二十多岁就担任了长沙太守的职务。

孙权曾经问诸葛亮荆州有什么人才，诸葛亮回答，“庞统、廖立，楚之良才，当赞兴世业者也。”由此可见廖立受重视的程度。

廖立（生卒年不详），字公渊，武陵临沅（今湖南常德）人。蜀汉之臣，历任太守、侍中。

用现在的眼光看，廖立年纪轻轻就当上了地方政府的一把手，是少年得志的人才。各位读者想想，这种少年得志的人才，最容易发生的问题是什么？

就是不知道天高地厚，谁也看不上，谁也瞧不起，而且口吐狂言，

鄙视一切，批判一切，一副老子天下第一的架势。用一个字来形容——狂！

这种人多吗？多。在我们身边就能找到很多这样的人，而且廖立正好就是这种人。

东吴吕蒙占领荆州的时候，身为长沙太守的廖立脱身回到成都，刘备没有追究他擅离职守的责任，继续给予重用，委任廖立做巴郡太守。后来刘禅即位，任命廖立做了长水校尉。

按说，这么好的领导，这么丰厚的待遇，这么重要的工作，廖立应该满意了，然而廖立却没有。

廖立自认为自己的才华和水平应该排在群臣当中的第二位，天下只能有一个人排在自己的前边，就是诸葛亮，其他人无论谁排在自己前边廖立都不服气。所以，眼见自己排在了李严等人的后边，廖立心里就老大的不痛快。

一个自恃才高的人往往容易看不惯，容易心里不痛快，这个可以理解。但是，自恃分两种，为国计民生、天下兴亡担忧，心里不痛快，这种自恃让人钦佩；为个人待遇斤斤计较，职位达不到预期，就心里不痛快而发牢骚，这种自恃让人轻蔑。

廖立正好就是后一种人。他看到自己的级别比别人低就开始不痛快、发牢骚。

《三国志》记载，有一次，后丞相掾李邵、蒋琬和廖立见面，廖立心情正不痛快，就对二人说：“军当远出，卿诸人好谛其事。昔先主不取汉中，走与吴人争南三郡，卒以三郡与吴人，徒劳役吏士，无益而还。既亡汉中，使夏侯渊、张部深入于巴，几丧一州。后至汉中，使关侯身死无孑遗，上庸覆败，徒失一方。是羽怙恃勇名，作军无法，直以意突耳，故前后数丧师众也。如向朗、文恭，凡俗之人耳。恭作治中无纲纪；朗昔奉马良兄弟，谓为圣人，今作长史，素能合道。中郎郭演长，从人者耳，不足与经大事，而作侍中。今弱世也，欲任此三人，为不然也。王连流俗，苟作掊克，使百姓疲弊，以致今日。”

大家看看，这位廖先生从刘备开始，掰着手指头数落刘备、关羽、向朗、文恭、郭攸之、王连，一口气贬斥了六个人。而且话说得那么狠，特别是竟然敢当着同事的面指责“老板”刘备，这还了得。蒋琬、李邵二人就把廖立的这番讲话原原本本地汇报给了诸葛亮。

事情一下子就闹大了！

说到这里，我想提醒大家一下，在单位里千万不要当着同事的面指责领导，尤其是人家领导还帮过你、有恩于你的时候，在这样的情况下，公然说狠话指责人家，是非常错误的，会陷自己于特别被动的地步。

对领导有建议，可以当面提，最忌背后乱说。不但我们自己不要说，而且在遇到别人说的时候，我们还应该采取解释或者提醒的策略。

廖立作为一个高级“干部，”难道连这点常识都没有吗？他应该是有的。那么既然有，他为什么没有照此去做呢？这里只有一个原因，就是他太狂了！他不屑于去守规矩，他觉得自己少年得意，呼风唤雨，才高八斗，学富五车，可以任意行事。

结果这种孟浪鲁莽的行为葬送了廖立的大好前程。

诸葛亮是爱惜人才的，但是诸葛亮更担心“一个老鼠屎坏了一锅汤。”如果所有干部都像廖立这样攀比待遇、发牢骚说怪话，那整个局面就要失控了！

于是诸葛亮果断出手，处理了廖立。在《弹廖立表》（出自《诸葛亮集》）当中，孔明义正辞严地指出：“长水校尉廖立，坐自贵大，臧否群士，公言国家不任贤达而任俗吏，又言万人率者皆小子也；诽谤先帝，疵毁众臣。人有言国家兵众简练，部伍分明者，立举头视屋，愤咤作色曰：‘何足言！’凡如是者不可胜数。羊之乱群，犹能为害，况立讬在大位，中人以下识真伪邪？”

于是廖立被免去一切职务，流放到了汶山郡。诸葛亮处理廖立这件事给我们的启示有两点：一、作为领导者，一方面要关注人才的发现和培养，另一方面对已经发现的人才要加强管理，及时处理发生的问题，清除害群之马。干部有能力大小之分可以理解，但若有人品问题，决不能原谅。二、作为一个快速成长的年轻干部，千万不能一旦得志便张狂，要谦虚谨慎，多干事业，少争待遇。生活上要多知足，不要贪心；事业上要求进取，不要满足。这叫做“生活上知足常乐，事业上精益求精。”

诸葛亮的清醒冷静不仅体现在工作中、使用人才上，还体现在教育子女的家庭生活上！我们接着往下看。

策略三

注重教育，管好子女

孔明身担大任，工作的忙碌程度可想而知。但是，在这样忙碌的情况下，他并没有忽视子女教育问题。这也是他的冷静清醒之处。

子女教育是个大问题，说大了决定一个国家的未来，说小了决定一个家庭的未来，每个人都不能掉以轻心！在子女教育上的每一份投入都是真正的战略投资。

诸葛亮早年无子，过继了大哥诸葛瑾的儿子诸葛乔为养子。在对诸葛乔的教育培养上，诸葛亮煞费苦心。《三国志·诸葛亮传》记载了一段诸葛亮给诸葛瑾的书信，专门谈到了诸葛乔的教育培养问题。原文如下：

乔字伯松，亮兄瑾之第二子也。……初，亮未有子，求乔为嗣，瑾启孙权遣乔来西，亮以乔为己適子，故易其字焉。拜为驸马都尉，随亮至汉中。亮与兄瑾书曰：「乔本当还成都，今诸将子弟皆得传运，思惟宜同荣辱。今使乔督五六百兵，与诸子弟传於谷中。」

诸葛亮告诉诸葛乔的亲生父亲诸葛瑾，说诸葛乔是可以回成都的，但是现在每个人都在为北伐做贡献，“我们的孩子一定要和别人一样同甘共苦，我也让诸葛乔掌握五百士兵，参与到后勤转运当中了，这样又磨练他的性格又锻炼他的能力。”

其实，诸葛亮写这封信是带有安慰色彩的，目的无非是告诉诸葛瑾自己不让诸葛乔回成都的主要原因，取得诸葛瑾的理解和支持！

其实，按理说，既然过继了，也就是自己的儿子，完全可以按照自己的目标和风格来管理这个孩子，但是诸葛亮很贴心，他依然考虑到了亲生父亲的感受，随时通报情况取得诸葛瑾的谅解和支持。

另外我们也可以看到，诸葛亮虽位高权重，但是对自己的子女不娇惯，不溺爱，不搞特殊化，让他和周围的人打成一片，同甘共苦。这是非常好的教育方法。

小树苗就是要经历风雨的洗礼，如果一直养在温室里，早晚是要枯萎的。而且在成长的过程中，不但要浇水施肥还要及时剪枝，否则小树苗就会长歪了。

没有爱是伤害，过度的爱是更大的伤害！

这些朴素的教育理念直到今天依然值得我们所有的父母深思。

在过继了诸葛乔以后，诸葛亮又有了自己的亲生儿子诸葛瞻。诸葛瞻字思远，生于蜀汉建兴四年。读者请注意，诸葛亮给自己儿子起的这个名字，瞻是高瞻远瞩的瞻，字思远，即能思考眼睛看不到的远方。这都代表了诸葛亮对孩子的期望。

他是这么期望的，也是这么实践的。

在建兴十二年，诸葛亮出武功时写信给哥哥诸葛瑾说："瞻今已八岁，聪慧可爱，嫌其早成，恐不为重器耳。"

诸葛亮在教育儿子上有一个不同于我们今天很多家长的地方：我们今天的家长和老师都希望孩子快速成长，越快越好！但是诸葛亮正相反，他最担心的是孩子成长过快，他希望孩子成长的脚步能稍微慢下来一点。

"孩子你慢慢长！"这个理念值得我们全社会的每一个人，特别是每一个教育工作者、每一位父母认真思考。

诸葛亮在《诫子书》中告诉他的孩子："夫君子之行，静以修身，俭以养德，非澹泊无以明志，非宁静无以致远。夫学须静也，才须学也，非学无以广才，非志无以成学。慆慢则不能励精，险躁则不能治性。年与时驰，意与日去，遂成枯落，多不接世，悲守穷庐，将复何及！"(《太平御览》)

这里诸葛亮特别强调了一个"静"字，这个字含义极深。

在流光溢彩、眼花缭乱的年代，最难做到的就是保持一份内心的宁静和淡泊。

孔明先生告诫我们：有才华的人要坚持学习，否则就会荒废；既然要学习就要坐得住冷板凳，耐得住寂寞。勤奋、扎实是最宝贵的品质，因为人生中很多最重要的东西往往不能速成，需要下慢功夫。

这就是静的力量。什么叫"静"？就是在别人发论文、拿项目、得奖励、上电视时，你要不着急、不着慌，保持自己的节奏，做自己该做的事情，兢兢业业教学，扎扎实实研究，一步一个脚印，这叫学术上的“静”。

什么叫“静”？就是别人搞面子工程、形象工程、短期工程、上报纸上电视，热热闹闹时，你要不眼红、不心焦，老老实实处理自己眼前的问题，踏踏实实为老百姓谋福利，尽自己的职责，这叫为官上的“静”。

什么叫“静”？就是别人抓项目、搞投机、拉关系、猛炒作，一夜暴富，一朝成名时，你要不羡慕、不眼馋，走自己的路，坚守自己的信念和品格，这叫做人上的静。

有了这份“静”，人的内心世界就稳定了，心里有了根，做事有了底，生活就会幸福快乐，事业就会稳步前进。

孔明先生的这些教诲，即使对于1800多年以后的我们来说，仍然是切中要害的。我们生活在一个躁动的年代，大家看看我们这些现代人，走高速，求快速，喜欢速成、速配，饿了吃速食面，病了服速效药，一切都喜欢加快再加快。

这种一味的快速最后会带来巨大的问题。人生就是一曲美妙的音乐，有高亢的乐章，更要有平稳舒缓的旋律。

生命在宁静中才能找到根底。老子在《道德经》中强调的“重为轻根，静为躁君”也是这个道理。

孔明先生以身作则，言传身教相结合，引导孩子们走上了健康成长的道路。

到后来，邓艾伐蜀，诸葛瞻、诸葛瞻的长子诸葛尚，都在保卫绵竹的战斗中为国捐躯，死得英勇壮烈。他们身上的正义、忠诚、勇敢都来自于诸葛亮的正确教育。

第九讲

精心用好年轻人

公元228年的春天，美丽的祁山草木萌发，冰雪消融，一派生机勃勃的景象。在去往天水的大路上，盘山过岭，旌旗招展，浩浩荡荡来了一队人马。为首一员老将军，身高八尺，面如晚霞，银盔银甲素罗袍，须发都白了，老爷子有六十多岁年纪了，但是腰不弯背不驼，精气神十足。这位老将军是谁呢？不是别人，就是当年大战长坂坡的常胜将军赵云赵子龙。

这一年是蜀汉建兴六年，后主刘禅当皇帝已经六年了，蜀汉政权走出了夷陵惨败的阴影，又稳定了南中地区的局势，在七擒孟获大获全胜以后，诸葛亮挥师北上，率领大军出祁山北伐中原。老将军赵云自告奋勇，担任北伐的先锋官。这一次老将军奉了诸葛亮将令，来夺天水郡。且说赵云老将军领兵五千杀到天水城下，对着城上高声断喝：“我乃常山赵子龙！你们已经中了我家丞相的计策，干脆早献城池，免遭杀身之祸！”

这要是在过去，赵子龙这么一喊，早吓得敌人六神无主，落荒而逃了。没想到，这次却大不一样，天水城上守城的敌人居然一点也不害怕，反而哈哈大笑说："不是我们中计啦，是你们中了我们小将军的计啦，你们自己还不知道呢！"

赵云大怒，小小的天水士兵，居然胆敢小瞧他赵云，而且还敢小瞧诸葛丞相的计谋，这还了得！赵云把大枪一举，正准备要架云梯攻城，忽然听到身背后喊杀连天，伏兵四起，当先一位少年将军，二十多岁年纪，也是银盔素甲，手执一杆长枪，直杀了过来，赵云见过的阵势多了，什么英雄没会过，他哪把这个小娃娃放在眼里，催马挺枪就迎了上去。可是没想到，这员小将武艺超群，打了十几个回合，居然越战越勇，而且枪法精奇，一条枪使得神出鬼没。赵云不禁暗暗吃惊："没想到小小的天水竟然有这样的人物！"正战得难解难分的时候，敌人另外两路人马也杀到了，赵云首尾不能相顾，只得冲开一条路，引兵败走！

常胜将军赵云居然被一个二十多岁的乡下小伙子给打败了。这件事在蜀汉大营引起了不小的震动！赵云归来后向孔明交令，把中了敌人埋伏被打败的经过说了一遍，特别夸奖了那位少年将军的枪法。孔明也是很惊讶，连忙找当地人一打听，才得知这个少年将军姓姜，名维，字伯约，天水本地人。

诸葛亮是一个有头脑的带头人，他深知年轻干部的重要性，所以一听到姜维的情况，就马上组织力量多方了解姜维的进一步信息。结果发现，姜维各方面都相当出色，事母至孝，文武双全，智勇足备，目前在天水做参军。于是诸葛亮下决心要收降姜维加入自己的事业。

姜维（公元 202－264 年），字伯约，天水冀（今甘肃甘谷东南）人。三国时期蜀汉著名军事家、军事统帅。原为曹魏天水郡的中郎将，后降蜀汉，官至凉州刺史、大将军。

诸葛亮选拔姜维，用现代眼光看，其实就是相当于人才梯队建设，培养年轻干部。那么，孔明先生在选拔姜维上体现出了什么策略特征呢？

这个策略在诸葛亮的传世文集当中可以找到明确的记载。诸葛亮有一篇非常著名的文章，叫做《便宜十六策》，便宜十六策就是简便易行的十六个管人做事的方法。

在这篇文章里，关于选拔人才，诸葛亮有两句非常有见地的话，他说：“直木出於幽林，直士出於众下。”“故人君选举，必求隐处。”

这是什么意思呢？孔明先生告诉我们，高大挺拔的木材都生长在密林深处，才能卓越的人才都隐藏在芸芸大众当中。所以，高明的人选拔人才，要向下看，向隐处看，向不起眼的地方看。有人就说了，这不对啊，人才为什么要到不起眼的地方去找呢？应该到显眼的地方去找才行啊！

其实这里边，还隐藏着一个故事。西晋初年有一个名人叫王戎，此人是诸葛亮的老乡，山东临沂人，他比诸葛亮小，诸葛亮六出祁山的时候王戎刚刚出生。《世说新语》中记载了这样一个故事，说王戎小时候很聪明，七岁的时候曾经和小朋友们一起出去玩耍。看见路边有株李子树，结了很多李子，枝条都被压弯了。那些小朋友都争先恐后地跑去摘，只有王戎没有动。大家问他为什么不去摘李子，王戎回答说：“这树长在路边，结了这么多李子却没人摘，这李子一定是苦的。”其他小孩子摘来一尝，果然是苦的。这个故事告诉我们一个基本的道理——“路边的李子是苦的！”

也就是说，摆在明处的好东西，你觉得好，大家都不是傻子，大家都会觉得好的。所以，摆在明处的好东西，不等你来拿，肯定早被别人拿走了！假如一个东西摆在明处，大家看了半天，却人人都不来拿，说明这个东西一定有问题！

这就是隐处求才的原因。因为路边的李子是苦的，甜的肯定早被人摘走了。所以，我们再来找李子，就一定要去那些隐蔽的，不容易被别人发现的地方。

我认识一个企业家，在学生毕业招聘高峰过后，突然想起来要招人才了，而且非要去那些热门学校招毕业生！我告诉他，您要去热门学校招人才您就早去，这么热门的地方，人才早被那些有名气、有影响力的公司给搜刮好多遍了，哪还轮到你啊？所以，这个时候去名校不容易招到人，倒是可以去一些不是很热门的学校，那些地方反而会有不被发现的人才！

诸葛亮选人才的高明就在这里，他知道国与国竞争根本上就是人才竞争，各方面都在搜罗人才，以曹魏在人事方面的选拔机制和工作力度来看，一般地方的人才恐怕早就被搜罗走了，反而是一些隐蔽的地方，比如像天水这样偏僻的地方，倒是有可能还有一些人才没有被发现。

这就叫——常有寒门出国士，偏向低处寻高人。

认定了姜维的才能以后，诸葛亮巧妙地使用了反间计，让姜维的上级领导和姜维反目成仇，最后轻而易举就收服了姜维。在这里，孔明没有用活捉、围困等常用的手段让姜维就范，而是使用了比较复杂、费力的反间计。为什么要舍近求远，使用费力的反间计呢？

我们说，这个反间计用得非常合适，一方面没有和姜维正面作战，没有伤了和气，有利于将来一起工作；一方面让姜维和原来单位的领导同事闹翻了脸，绝了姜维的退路，让他一心一意和我们一起做事业。

所以在选拔使用姜维上边，诸葛亮是早有准备的。历史告诉我们，任何一件大事的成功，说到底也都是用人的成功，当然任何一件大事的失败，说到底也都是用人的失败！用姜维是诸葛亮人才政策的一个具体体现。不过仅仅有一个姜维可不足以保证基业长青、后继有人。说到这里，我就想强调一个词了，这个词就是梯队。

英雄不可能常胜，高手不会永远那么高。江山代有人才出，各领风骚几十年。我在做人力资源管理研究的过程当中，接触到这样的管理者，他们往往因为手下有一两个，甚至三五个高人、能人就沾沾自喜。比如有一位方总，创业的时候联合了两个哥们儿，一位是营销高手，一位是技术专家，要说水平，那都是狗撵鸭子——呱呱叫的！方总对待这两个哥们儿那是给股份、给职位、给信任，一起创业，三个人配合得非常好，公司蒸蒸日上。老方为此常常自鸣得意！在接触到他们公司以后，我提了一个问题，说你们公司人才政策有问题。他跟我急了，他说，我要能人有能人，要政策有政策，要信任有信任，我人才管理上能有什么问题？我说，很简单，你的人才没有梯队。什么是梯队？说白了，就是吃着嘴里的，看着碗里的，想着锅里的，还要种着地里的！

人才一定要这样，有使用的，有考察的，有储备的，有培养的。只有这样，事业才能健康发展。为什么呢？原因有两个，一个是事业不断扩大，眼前的人才肯定不够，不培养不储备，就会供不应求；二是现有的人才从身体到知识技能都会逐渐老化，时代在发展，社会在进步，只有不断增加新鲜血液，才能满足发展的需要。所以一定要有梯队，使用一批，培养一批，储备一批，发现一批，要同时进行！

回过头大家看《三国演义》，大家都知道《三国演义》里有九大高手，一吕二赵三典韦四关五马六张飞七黄八夏九姜维，到了蜀汉建兴六年诸葛亮北伐中原的时候，这九个人当中，前八个除了赵云以外，其他的都已经驾鹤西去了，而姜维小伙子才刚刚二十多岁年纪，正是风华正茂、意气风发，那真是长江后浪推前浪，一代新人换旧人啊！

前些天我们看世界杯就看到了——赛场是不变的，但场上的英雄永远是变化的！第二名的赵云被第九名的姜维给淘汰了这很正常，那第一名的意大利不是也在小组赛中被淘汰了嘛！老马追不上小马，老鹰斗不过小鹰，意大利很失意，法国没办法，这都是必然，因为世界是属于年轻人的！“青春之歌”“青春万岁”“青春只有一次”，老年赵云的时代过去了，人家少年姜维的时代到来了。所以，一个有眼光的领导一定要保持对年轻人的兴趣！

我们要称赞一下孔明先生，他做到这一点了。基业长青离不开后继有人。谁失去了年轻人，谁就失去了未来。今天我们传播国学也是这样，必须关注年轻人、吸引年轻人，拥有了年轻人，才拥有了未来。这个问题引起了孔明先生的足够重视。

那么诸葛亮是怎么培养和使用年轻人的呢？总结起来，他主要用了以下几个策略。

管理智慧箴言

基业长青离不开后继有人。谁失去了年轻人，谁就失去了未来。

策略一
慧眼看才能，俗眼看性格

说到这个策略，我们要从一个悲情时刻说起。

《三国演义》记载了诸葛亮的最后时刻。蜀汉建兴十二年秋天八月二十三日这一天，卧病在床的诸葛亮突然有了一点精神，他要带领众将巡查五丈原军营。算起来，从春天出兵北伐以来，和司马懿相持在此已经三个多月了。北伐没有任何起色，但是诸葛亮的身体却一天不如一天。看到诸葛丞相今天终于能巡查军营了，大家心里稍微看到了一点希望。守护中军的大将就是在天水郡吸纳的人才姜维姜伯约，他亲自安排人把孔明扶上了小车。五丈原上草木凋零，一片萧索，诸葛亮坐在熟悉的小车上，出寨遍观各营，这是诸葛亮一生中最后一次视察自己的部队了，他心里满是悲凉，才走不远就感觉秋风吹面，彻骨生寒，禁不住长叹一声：“再不能临阵讨贼矣！悠悠苍天，曷此其极！”

此时此刻，诸葛亮担心的已经不再是自己的健康了，因为他知道自己将不久于人世。那么他最担心的是什么呢？他最担心的是一旦自己撒手人寰，这眼前的十几万大军，如何能在老谋深算的司马懿眼皮底下安然撤退。谁又能担当这个执掌全局、指挥撤退的重任呢？

当晚诸葛亮病情再次恶化，弥留之际他把全军撤退的任务托付给了一个人，就是长史杨仪。为什么把这么生死攸关的事情托付给杨仪呢？因为杨仪占两条：一、通晓全盘。这位杨仪杨先生，字威公，是襄阳人，也是荆州干部。先在关羽手下做功曹，后来追随刘备入川，《三国志》中说“先主与语论军国计策，政治得失，大悦之”，于是得到了突击提拔，被破格提拔为尚书。诸葛亮非常欣赏杨仪的才干。北伐的时候，杨仪被任命为行军长史，也就是相当于秘书长，“军戎节度，取办於仪”。在抓全盘工作上，他既有经验又有能力。二、杨仪思维敏捷，有急智。《三国志》记载，“诸葛亮数出军，仪常规画分部，筹度粮谷，不稽思虑，斯须便了。”这个反应速度是处理紧急事情必不可少的一个关键才能。在激烈的竞争中，不是大鱼吃小鱼，而是快鱼吃慢鱼。胜利不光靠实力，还要靠速度。10 秒之内出一个能打 70 分的答案，就胜利了；两天做出一个能打 100 分的答案，照样会失败，比的是速度。杨仪有这个速度！

杨仪（?—235 年），字威公，襄阳（今湖北襄樊）人。三国时期蜀汉大臣，官至中军师。

所以，经过再三斟酌，诸葛亮选中了杨仪，他交代杨仪说：“王平、

廖化、张嶷、张翼、吴懿等，皆忠义之士，久经战阵，多负勤劳，堪可委用。我死之后，凡事俱依旧法而行。缓缓退兵，不可急骤。汝深通谋略，不必多嘱。姜伯约智勇足备，可以断后。”杨仪泣拜受命。

杨仪在孔明过世以后，接掌了军权，全面负责撤退工作，于是很多人自然而然地都以为接替诸葛亮接班人这个位置的非杨仪莫属了，杨仪自己也是这么想的。

不过，事实却非常耐人寻味，杨仪把大军安全撤回来以后，接到的新任命只是一个没有实权的虚衔——中军师。诸葛亮安排的接班人是资历威望都比杨仪稍差一些的蒋琬。诸葛亮为什么要这样安排呢？因为杨仪有一个致命的弱点，就是杨仪的性格有问题。诸葛亮发现杨仪心胸狭窄，不能和周围人很好地配合，当尚书的时候，和上级领导刘巴对着干，当长史的时候，又和同事魏延对着干。同时此人私心比较重，关键时刻摆不正个人和团队的关系。有了这个缺点，再有才华，也只能担任临时授权的工作，不能执掌大权。

杨仪这种人还有一个要命的弱点，就是经得起胜利，经不起挫折，一旦有了点个人的挫折，整个人的心态就崩溃了！所以，在失去了接班人的机会以后，杨仪居然放话说：“当年丞相去世的时候，我是执掌全军的，那个时候，我要是带着队伍投奔了曹魏，也不会受眼前这个窝囊气啊！”这段谋反言论直接导致了杨仪的被贬自杀。

确实如诸葛亮生前看到的那样，杨仪有才华没气量，属于能力上没问题但态度上有大问题的干部，不用杨仪当接班人是完全正确的。

看年轻人要看两点：一个是才能，一个是性格。那么怎么看呢？经验证明，看才能要有独特的角度、独特的眼光，这个叫做独具慧眼；看性格则必须要用一般的角度，用大众的眼光，这个叫独具俗眼。没有慧眼，看不见大才；没有俗眼，看不见大病。

管理智慧箴言

看才能要有独特的角度、独特的眼光，这个叫做独具慧眼；看性格则必须要用一般的角度，用大众的眼光，这个叫独具俗眼。

用慧眼看，杨仪确实有才能，这个才能足堪重任，但是用俗眼看，杨仪性格有大问题，这个性格不能担当重任。慧眼看完才能以后，再用俗眼考察一下性格，这个就是诸葛亮的高明！

诸葛亮选接班人没有选杨仪，那么他选了谁呢？此人名叫蒋琬。

蒋琬（？—246年），零陵湘乡人。三国时期著名的政治家、军事家。初随刘备入蜀，诸葛亮卒后封大将军，辅佐刘禅，主持朝政，统兵御魏。官至大司马，安阳亭侯。

为什么要选蒋琬接班呢？这个问题我准备从蒋琬的一个怪梦说起。《三国志》记载，蒋琬在当广都县县令的时候做过一个怪梦，可以

说是很恐怖的一个梦。这个梦把他吓醒了，醒来以后，那个心还在突突乱跳。什么梦让蒋琬这么害怕呢？是一个血流滂沱的梦，蒋琬梦见一头体形庞大的耕牛站在自己的门口，浑身流血，血流如注，且颜色鲜红，简直是一头“红牛”。

这个梦把蒋琬搞得很紧张。用现代的心理学眼光来看，梦是压抑的潜意识，是内心焦虑的释放，其实那头牛就是蒋琬自己，而流血代表受到巨大伤害，甚至有生命危险。牛的象征意义是勤劳肯干，默默无闻。整个梦的意义就是蒋琬担心勤劳肯干、任劳任怨的自己生命受到威胁。

那么是什么事情让蒋琬有这种焦虑，担心自己的生命呢？

是因为有一位上级领导来检查工作，蒋琬把人家给得罪了！这个上级领导不是别人，就是刘备刘玄德。

蒋琬本来是零陵湘乡人，也属于荆州干部，刘备入川的时候蒋琬以书佐也就是秘书的身份随先主入蜀，刘备一手把蒋琬提拔起来，让他担任广都县令。

这一次，刘备下基层路过广都，顺路来看看蒋琬的工作情况。结果发现，蒋琬身为地方长官，众事不理，喝酒喝得大醉，大白天呼呼大睡，这下可把刘备给惹怒了！当场把蒋琬拿下，而且放出话来，要狠狠处理。

蒋琬担心的就是这个。我们从蒋琬的梦里可以分析出来，牛代表蒋琬对自己的工作能力和态度的肯定，血代表他担忧自己的生命，而牛立在门前代表这种危险尽在眼前，马上就要发生了。

就在刘备准备下狠手的时候，身为军师的诸葛亮站出来说话了。《三国志》记载，诸葛亮说：“蒋琬，社稷之器，非百里之才也。其为政以安民为本，不以脩饰为先，原主公重加察之。”

从诸葛亮的语言当中，我们得到三个信息：第一、诸葛亮认为蒋琬有大才，可以治理国家；第二、蒋琬干工作很关注民生，老百姓对他满意；第三、蒋琬不会自我表现，面子工程和形象工程做得不好。

诸葛亮能对不爱表现的蒋琬有这样中肯的评价，可见诸葛亮对蒋琬非常了解，确实是独具慧眼的。同时，用俗眼看，用大众眼光看，蒋琬的个性也不错，比杨仪合适很多，蒋琬扎实细致，沉稳大度，而且识大体顾大局，能摆正个人和团队的关系。

有了诸葛亮的求情，蒋琬就没有被问罪，不久诸葛亮安排他做了什邡令，再后来又提拔为丞相府参军，诸葛亮数外出，蒋琬常足食足兵以相供给。后来诸葛亮密表后主："臣若不幸，后事宜以付琬。"

从蒋琬的身上，我们依稀看到了当年庞统的影子。诸葛亮也是用看待庞统这样专才的眼光来评价蒋琬的。对这样的人才，不能因为他做这件事做不好，就轻易否定他的能力。有人能扫一屋，有人能扫天下，合理安排才是关键。事实证明，诸葛亮确实是具备慧眼的。后来，在诸葛亮去世以后，蒋琬在蜀汉政权当中，确实起到了稳定大局、力挽狂澜的作用。

由此可见，诸葛亮在带队伍上边是费了很多心思的。

其实，带队伍有两种方式，一种是推，一种是拉。我们做一个比喻：一群羊在山坡上走，要保证走得安全又高效，首先要有一个牧羊犬，它起到推的作用，谁掉队了就咬谁；另外还要有一只领头羊，它起到拉的作用，就是引导示范，告诉大家怎么走、往哪里走。

平时，我们大家都很熟悉的考核奖励惩罚措施，就是牧羊犬，这些能起到推的作用；但只有这些是完全不够的，还必须要有人站出来引导、带动、示范，我们现在很多组织的问题是推的力量有余，拉的力量不足，很多人都认为只要有了胡罗卜和大棒，考核到位就可以解

决所有问题了。这种思路是片面的，一定要推拉结合。诸葛亮做到推拉结合了吗？我们来看诸葛亮使用年轻人的第二个策略——

策略二

完成任务靠推，提升修养要拉，推拉结合

要完成任务，必须要有考核有纪律，这是推的力量；要提高修养，必须要有示范有引导，这是拉的力量。一个年轻人，任务完成了，修养提升了，然后才可以委以重任。诸葛亮怎么做的呢？

管理智慧箴言

要完成任务，必须要有考核有纪律，这是推的力量；要提高修养，必须要有示范有引导，这是拉的力量。

《三国志》记载了诸葛亮给后主上的一篇表：“成都有桑八百株，薄田十五顷，子弟衣食，自有馀饶。至於臣在外任，无别调度，随身衣食，悉仰於官，不别治生，以长尺寸。若臣死之日，不使内有馀帛，外有赢财，以负陛下。”及卒，如其所言。

孔明先生确实是一位好领导，其严格自律、廉洁奉公让我们禁不住肃然起敬。廉洁是一种力量，孔明先生自己有一句话，说的特别好——“理上则下正，理身则人敬”。

这句话告诉我们一个道理，领导是一个标杆，大家都会对着标杆调整自己的行为，这叫“上有所好，下必趋之”。

领导简朴，下边人就简朴；领导幽默，下边人就会说相声；领导喜欢打高尔夫，连楼道里搞卫生的老大爷用墩布拖地也这个动作！领导喜欢什么，下边的人就跟着喜欢什么；领导坚持什么，下边的人就跟着坚持什么。在言传和身教两种号召方法上，身教要比言传管用的多。喊口号、提要求，不如亲自示范，这叫做跟好人学好人，跟着巫婆学跳神。

诸葛亮真正发挥了标杆示范的作用，蜀汉有很多干部都特别清廉，董和“死之日家无儋石之财”；邓芝“终不治私产，死之日家无馀财”；吕乂“治身俭约，谦靖少言”。所以带队伍，既有严格的制度和纪律，又有领导的亲自引导示范，孔明先生确实做到了推拉结合。

支撑诸葛亮内心世界的，除了价值观层面的理想信念之外，在心理层面，还有一种特殊的内在力量，我们称之为成就动机。大家注意，每个人做事情，动机是不一样的。有的人为了钱，这是物质动机；有的人为了权力地位，这是权力动机；有的人为了感情，这是情感动机；还有的人，做事情是为了完成挑战性任务，实现内心的满足感和光荣感，这是成就动机。诸葛亮做事的动机就是这种成就动机。

成就动机到底是个什么样，我给大家举个例子，比如打麻将，有人为了赢钱，这是物质动机；有人为了在一起开心乐呵，这是情感动机；还有的人小的不和，专门喜欢和大的，十块二十块的多没意思，一定要和七小对！那要是真的和了多开心！这个就是成就动机。

诸葛亮之所以要北伐，基本的驱动力就在这里。有人说，四川也很好，我们巩固政权，发展经济，过过好日子，多开心！为什么一定要劳民伤财北伐呢？我相信持这样想法的从当年到现在都大有人在，而且以后还会有！

这些人和诸葛亮的动机类型是不一样的。诸葛亮不要偏安，不要三分天下，他要的是实现远大理想，统一中原，兴复大汉。这个才能让他满意。什么偏安啊，割据啊，这些小的统统不要，一定要一个大的！“宁可牺牲在听牌的路上，也不和小牌。”他就是这个意思。人和人不一样，根本的一点，是我们动机不一样，所以同样的事情，有不同的做法，也有不同的看法。

我们相信，如果是一个出于物质动机、权力动机，或者安全动机的人回到三国年间代替诸葛亮，他一定不会六出祁山的；一个出于成就动机的人要是回去，明明知道失败的可能性很大，他一定还会努力争取，六出祁山的。

为了确保北伐的成功，诸葛亮靠推拉结合，培养和调动了一大批年轻干部加入自己的队伍。对这些人是怎么使用的呢？我们来看一下他的策略——

策略三

抓大放小，收放并重

公元228年，诸葛亮第一次出兵北伐。俗话说万事开头难，这第一次可不比第二次、第三次，事事都是从头开始，处处都是白手起家。

出兵之前，诸葛亮首先安排的是后方，《三国演义》中记载得比较详细，说孔明留郭攸之、董允、费祎等为侍中，总摄宫中之事；又留将军向宠总督御林军马；蒋琬为参军、张裔为长史，掌丞相府事；还有杨洪为尚书；孟光为祭酒；尹默为博士；费诗为秘书；谯周为太史。内外文武官僚一百余员，都作了认真的安排部署。

安排好了后方，又安排前方。武将方面，有镇东将军赵云、镇北将军魏延、平北将军马岱等十六员大将；文的方面有包括绥军将军杨仪、安远将军马谡带领的四个护军四个参军等十多个文官。另外特别安排托孤大臣李严把手永安要道，防备东吴。

一切都打点好了，大军进到沔水北岸，诸葛亮擂鼓聚将，正准备商量北伐大事。忽听帐下有人大喊一声走上帐来。只见此人身高八尺，面如重枣，三绺长髯，冷眼一看，有点像关羽关云长。这员大将是谁呢？此人乃是魏延魏文长。魏延此时的职务是镇北将军都亭侯，在三军当中武功和地位仅次于赵云。

魏延（?—234 年），字文长，义阳（今河南省信阳）人。三国时期蜀汉将领。诸葛亮死后，魏延因不愿受长史杨仪所约束而于退军途中烧绝栈道，反攻杨仪，却因部属不服而败逃，被杨仪所遣的马岱所斩。

魏延进帐是来献计献策的。当时第一次北伐的时候，魏将夏侯楙为安西将军，镇守长安，魏延就建议说："夏侯楙就是个公子哥，怯而无谋。我申请带精兵五千，直从褒中出，循秦岭而东，当子午而北，不过十日可到长安。夏侯楙听说我突然到达，一定会乘船逃走。长安就是我们的啦！敌人重新整合队伍需要二十多日，丞相利用这个时间完全可以指挥大军到达，这样咸阳以西一举可定啊！”

用今天的观点来看，这个策略是非常有战略眼光的。不过，缺点是风险大了一点。诸葛亮认为这么做风险太大，不如按部就班地进军稳妥，所以就当场拒绝了魏延的建议。

从北伐出兵这一幕我们看到，诸葛亮收放的原则很明确，一般的事情可以让下边的年轻干部去做、去决定，但是关键的战略方向，必须要自己牢牢掌控。大家看，政府工作放给了蒋琬、张裔，宫中事务交给了董允，后方军事交给了向宠，东方战线放给了李严。但是，北伐的大战略诸葛亮却牢牢地掌握在自己手里，不放给任何人。

魏延的战略建议没通过，有什么反应呢？魏延这叫一个不痛快！那心情，真是墙角的皮球，憋着气儿；野地的马蜂，带着刺儿；出锅的麻花，拧着劲儿。所以《三国志》上说，魏延“常谓亮为怯，叹恨己才用之不尽。”可见，魏延是一个和诸葛亮做事风格完全不一样的人，他更有冒险精神，更大胆，而且希望独当一面，不甘心当诸葛亮手中的一个棋子。同时，魏延还是一个比较高傲的人，“既善养士卒，勇猛过人，又性矜高，当时皆避下之。”所以，他和周围同事的关系也比较紧张。和领导唱反调，和同事不配合。这是魏延这个人的特点。

所以，诸葛亮宁可用马谡，街亭失败退回汉中，也不用魏延取长安冒险成功。为什么不用魏延呢？这暴露出孔明先生的一个用人心理，就是喜欢用比较乖的、和领导保持一致的干部，不喜欢唱反调、有性格、比较张扬的人。

其实，乖孩子有乖孩子的好，淘气孩子有淘气孩子的好！往往突破性的工作、挑战性的任务，都是淘气的孩子完成的。大家看《亮剑》中的李云龙就不是一个乖孩子，和魏延一样喜欢唱反调、有性格、比较张扬，但就是因为这一点，他才能有那么多的贡献。

所以，搭班子，有一个重要的原则，就是互补性，每个人都有缺点和不足。打个比喻，我们人人都是一张白纸，这张白纸上难免要有一些窟窿，那么如何弥补呢？最好的办法就是把两张白纸叠加在一起，我有漏洞的地方你没有，你有漏洞的地方我没有，这样窟窿自然就会减少了。这就是利用团队互补来弥补个人不足的方法，不过大家想，如果两张白纸窟窿的位置都是一样的，那叠加的结果是什么？不但不能互补，而且毛病会加剧！

孔明先生安排干部的时候，太喜欢一种类型的人，就容易造成团队的软肋。用人一定要多样化！排斥魏延，没有给他更大的施展空间，是一个遗憾。这一点，也值得我们每个人深思。做事情，不能只用自己看着顺眼的人。风格互补的人在一起，才是最佳组合。

孔明到底几次北伐呢，比较传统的说法是“六出祁山”。根据《三国志》和《资治通鉴》记载，其实诸葛亮对曹魏用兵共有七次：

第一次在建兴六年（公元 228 年）春，诸葛亮事先扬言走斜谷道取郿，让赵云、邓芝设疑兵吸引曹真重兵，自己率大军攻祁山（今甘肃西和县西北）。陇右的南安、天水和安定三郡反魏附蜀。张郃出拒，大破马谡于街亭。诸葛亮只得返回汉中。这是第一次出祁山。

第二次在同年（公元 228 年）的冬天，诸葛亮兵出散关（今陕西宝鸡市西南）围陈仓，围攻二十余日不克，粮尽而退还汉中。魏将王双来追，中埋伏被斩。诸葛亮使用了精彩的“回马枪”战术， 此后，蜀军撤退，魏军再不敢大肆来追。

第三次是在建兴七年（公元 229 年）春天，诸葛亮先派遣陈式攻

武都、阴平二郡。雍州刺史郭淮引兵救之，诸葛亮自出至建威（今甘肃省西和县西），郭淮退。这次诸葛亮占领了上述二郡。

第四次是在建兴八年（公元 230 年）秋天，这次是防御战，不过没有真打起来。魏军三路进攻，司马懿出西城，张郃出子午谷，曹真出斜谷。诸葛亮率军驻于城固、赤坂。正赶上天下大雨，魏军半途退兵。

第五次也是在这一年（公元 230 年），诸葛亮使魏延、吴懿带一旅偏师西入羌中，大破魏后将军费曜、雍州刺史郭淮。

第六次是在建兴九年（公元 231 年）二月，诸葛亮率大军攻祁山。此时曹真病重，司马懿都督关中诸将出拒。诸葛亮割麦于上邽（今甘肃省天水市）。司马懿追诸葛亮至卤城（今天水市与甘谷之间），掘营自守，有“畏蜀如畏虎”之讥。五月，司马懿与诸葛亮交兵，魏延等将斩获敌甲首三千级，玄铠五千领，角弩三千一百张。六月，李严因运粮不济呼诸葛亮还。魏将张郃带兵追至木门，中了蜀军埋伏，张郃中箭身亡。诸葛亮用精彩的回马枪战术，消灭了劲敌。这是诸葛亮第二次使用“回马枪”战术。

第七次是建兴十二年（公元 234 年）二月，诸葛亮率大军出斜谷道，据武功五丈原，屯田于渭滨。相持至八月，司马懿采取固守战略，一直闭门不出，双方主力没有正面决战，蜀汉建兴十二年秋天八月二十三日诸葛亮卒于五丈原。

以上七次用兵中，第四次是防御且没有真打，第五次是偏师，诸葛亮没有参加，所以真正意义上的北伐确切地说应该是五次。

综上所述，根据史料，诸葛亮“五伐中原”的提法应该比“六出祁山”更为准确可信。

《三国演义》中记载了一个有趣的情节，说为了刺激司马懿出战，诸葛亮使用了激将法，他取来妇人穿的衣物，盛于大盒之内，修书一封，遣人送至魏寨，并修书信一封，信中大意是说：你司马懿作为大将，就该勇敢战斗，一决雌雄。你要是男人，你就早点带兵出来决战，如果你害怕战斗，不敢出来，你就和妇人一样了，那我就专门给你准备了妇人的衣服，您就早点穿上吧。”

这就是激将法。司马懿呢，根本没有上当，反而厚赏了来使，而且很阴险地问：“你们诸葛丞相最近身体如何，工作如何，饮食如何呀？”使者说：“丞相夙兴夜寐，罚二十以上皆亲览焉。所啖之食，日不过数升。”司马懿顾谓诸将曰：“孔明食少事烦，其能久乎？”这件事，在《三国志》裴注当中，也有相同的记载，可以相信是真实的。

那么，既然这件事是真实的，有人就评论了，说诸葛亮当领导管得太细了，大事小事都操心，打二十板以上，都要亲自去数一数，那肯定要累死的！这个不对！

但是也有人说，细节决定成败，领导当然要关注细节呀！孔明先生工作抓得细一些没有问题，关键在于他抓得这么细，但是没有坚持锻炼身体，这个不对！

两派观点争执不下。关于诸葛亮的工作方式到底是对还是不对，我们给大家一个基本的分析原则，这句话叫做：领导者只关注异常不关注正常，只关注例外不关注例行。正常的事情有下属管，例行的事情有制度管，不用领导自己管。

管理智慧箴言

领导者只关注异常不关注正常，只关注例外不关注例行。

任何一个任务都会有海量的细节，如果不加选择地关注，会被累死的。一定要先筛选，在众多细节当中筛选最要紧的、最有战略价值的去关注。所以我们送给大家两句话，一、选择比努力更重要；二、拿着显微镜是看不见大象的。管理的本质就是通过别人完成工作。你自己都做了，那叫劳模，自己不做调动别人做，那才叫管理。所以，管理的规律是这样的，有一件事情，你能做得好，那叫合格；有十件事情你能做得好，那是优秀；有五十件事情你都能做好，那就叫卓越；有一百件事情你还想努力把它们都做好，那就叫找死。

从上述观点来看，孔明先生确实有点管得过细了，没有做很好的筛选。有人就说，他这样做说明他没才能，他根本不懂怎么当领导！这个观点对吗？不对！诸葛亮的这种行为，不是能力问题，而是性格问题。他就是这种性格，性格决定命运啊。

那么孔明先生是什么性格呢？我们来分析一下。首先，心理学有一个很有参考价值的观点，叫做童年是人生的父亲，环境是人生的母亲。也就是说，人的性格是在幼年和童年的时期形成的，而且受到了周围环境的深刻影响。

那么，我们就来分析一下诸葛亮的性格形成过程。大家知道诸葛亮是个孤儿，父母早亡，童年时代没有父爱，缺少母爱，后来，叔叔去世，哥哥出走，只能一个人挑大梁带着一个弟弟、两个姐姐艰难生活。

一个孤儿，首先的一个性格就是缺乏安全感，其次是控制欲比较强，一切都要在自己控制之内才放心。所以，我们又找到了六出祁山的一个原因，就是缺乏安全感。一个缺乏安全感的人，往往容易主动出手攻击，一旦停下来，心里就会不踏实。宁可抱着刀睡在别人门口，也不能回家睡在自己卧室里。因为在自己的床上睡不着，觉得不安全！诸葛亮一次一次北伐，除了成就动机之外，还有一个就是这个性格原因造成的。

另外，一个缺乏安全感的人，往往喜欢控制，不愿意放手。交给别人了自己心里不踏实，自己做了就安心了。这也是诸葛亮大事小事都自己做的一个主要原因。

根据性格不同，领导分为四种类型：

第一种是鹰型领导，这样的人高高在上，有战略高度，会授权，但是会瞄准一线，紧紧盯着。曹操就是这个类型，有高度，一般事都交给下边人，但是疑心重，紧紧盯着，保持监控。

第二种是龙型领导，这样的人也是高高在上，会授权，但是他并不紧紧盯着，而是若隐若现，三国里，孙权是这样的领导。你看，火烧赤壁，交给周瑜，他自己没出场；白衣渡江交给吕蒙，他自己没出场；火烧连营交给陆逊，自己还是在后方居中调度，只要某些关键时刻出现一下就可以。

第三种是牧羊犬型领导，这样的人亲临一线，跑前跑后，但具体事情上自己并不动手，甚至连朝哪里走也交给领头羊，他做的主要是督促，刘备是这个类型的领导。主要负责督促和激励，战略上有人安排，实施中也不必亲自动手。不过，牧羊犬再着急，也不会上来带队吃草，一旦真的带队伍了，那就是灾难。后来，刘备非要亲自上阵，结果导致火烧连营七百里，这就是证明。

第四种是老母鸡型领导，扎根一线，亲力亲为，能自己忙的都自己忙，能自己扛的都自己扛，而且总盯着小鸡，担心他们干不好受伤害，一着急，干脆你靠边，我替你做吧！最后把自己搞得筋疲力尽。孔明就是这个类型的领导。

任何一个类型的领导都不是完美的，都需要借助团队互补才可以成功。领导的类型，不仅仅是能力问题，它背后主要还有一个性格问题。孔明的生活经历造就了他的性格，而性格的特点决定了他的领导风格和他一生的命运。性命性命，性格就是命运啊！诸葛亮的一生，是理想、信念、成就动机和缺乏安全感的性格联合推动的一生，他的所有成功和失败，都融合了这几个因素。

在民间传说中，我们把他描述成一个圣人、一个神人，但其实真实的诸葛亮也是一个和我们一样的普通人。他也梦想过，奋斗过，彷徨过，犹豫过，他有精彩，也有失落。在自己起伏跌宕的一生当中，他没有向困难低头，没有贪图富贵，没有拿心中的梦想去做交易，他竭尽全力朝着理想不懈努力。这种精神已经成为我们民族宝贵财富的一部分，今天我们谈论诸葛亮，其实不只是在谈一个人，而是在谈一种精神，一种生活方式，甚至一种人生的信念。

英雄不一定能实现自己的理想，但是英雄一定能引导他人找到理想。我相信，在孔明先生身上，我们不光找到了智慧，而且找到了其他一些更加宝贵的东西，这些东西值得我们用一生去珍惜！

附录

诸葛亮传①

诸葛亮字孔明，琅邪阳都人也。汉司隶校尉诸葛丰后也。父珪，字君贡，汉末为太山郡丞。亮早孤，从父玄为袁术所署豫章太守，玄将亮及亮弟均之官。会汉朝更选朱皓代玄。玄素与荆州牧刘表有旧，往依之（一）。玄卒，亮躬耕陇亩，好为梁父吟（二）。身长八尺，每自比於管仲、乐毅，时人莫之许也。惟博陵崔州平、颍川徐庶元直与亮友善，谓为信然（三）。

（一）献帝春秋曰：初，豫章太守周术病卒，刘表上诸葛玄为豫章太守，治南昌。汉朝闻周术死，遣朱皓代玄。皓从扬州太守刘繇求兵击玄，玄退屯西城，皓入南昌。建安二年正月，西城民反，杀玄，送首诣繇。此书所云，与本传不同。

---

① 选自《三国志·诸葛亮传》。

（二）汉晋春秋曰：亮家于南阳之邓县，在襄阳城西二十里，号曰隆中。

（三）按崔氏谱：州平，太尉烈子，均之弟也。

魏略曰：亮在荆州，以建安初与颍川石广元、徐元直、汝南孟公威等俱游学，三人务於精熟，而亮独观其大略。每晨夜从容，常抱膝长啸，而谓三人曰："卿三人仕进可至刺史郡守也。"三人问其所至，亮但笑而不言。后公威思乡里，欲北归，亮谓之曰："中国饶士大夫，遨游何必故乡邪！"

臣松之以为魏略此言，谓诸葛亮为公威计者可也，若谓兼为己言，可谓未达其心矣。老氏称知人者智，自知者明，凡在贤达之流，固必兼而有焉。以诸葛亮之鉴识，岂不能自审其分乎？夫其高吟俟时，情见乎言，志气所存，既已定於其始矣。若使游步中华，骋其龙光，岂夫多士所能沈翳哉！委质魏氏，展其器能，诚非陈长文、司马仲达所能颉颃，而况於余哉！苟不患功业不就，道之不行，虽志恢宇宙而终不北向者，盖以权御已移，汉祚将倾，方将翊赞宗杰，以兴微继绝克复为己任故也。岂其区区利在边鄙而已乎！此相如所谓"鹍鹏已翔於辽廓，而罗者犹视於薮泽"者矣。公威名建，在魏亦贵达。

时先主屯新野。徐庶见先主，先主器之，谓先主曰："诸葛孔明者，卧龙也，将军岂愿见之乎？"（一）先主曰："君与俱来。"庶曰："此人可就见，不可屈致也。将军宜枉驾顾之。"由是先主遂诣亮，凡三往，乃见。因屏人曰："汉室倾颓，奸臣窃命，主上蒙尘。孤不度德量力，欲信大义於天下，而智术浅短，遂用猖（獗）（蹶），至于今日。然志犹未已，君谓计将安出？"亮答曰："自董卓已来，豪杰并起，跨州连郡者不可胜数。曹操比於袁绍，则名微而众寡，然操遂能克绍，以弱为强者，非惟天时，抑亦人谋也。今操已拥百万之众，挟天子而令诸侯，此诚不可与争锋。孙权据有江东，已历三世，国险而民附，贤能为之用，此可以为援而不可图也。荆州北据汉、沔，利尽南海，东连吴会，西通巴、蜀，此用武之国，而其主不能守，此殆天所以资将军，将军岂有意乎？益州险塞，沃野千里，天府之土，高祖因之以成帝业。刘璋闇弱，张鲁在北，民殷国富而不知存恤，智能之士思得明君。将军既帝室之胄，信义著於四海，总揽英雄，思贤如渴，若跨有荆、益，保其岩阻，西和诸戎，南抚夷越，外结好孙权，内修政理；

天下有变，则命一上将将荆州之军以向宛、洛，将军身率益州之众出於秦川，百姓孰敢不箪食壶浆以迎将军者乎？诚如是，则霸业可成，汉室可兴矣。”先主曰：“善！”於是与亮情好日密。关羽、张飞等不悦，先主解之曰：“孤之有孔明，犹鱼之有水也。愿诸君勿复言。”羽、飞乃止（二）。

（一）襄阳记曰：刘备访世事於司马德操。德操曰：“儒生俗士，岂识时务？识时务者在乎俊杰。此间自有伏龙、凤雏。”备问为谁，曰：“诸葛孔明、庞士元也。”

（二）魏略曰：刘备屯於樊城。是时曹公方定河北，亮知荆州次当受敌，而刘表性缓，不晓军事。亮乃北行见备，备与亮非旧，又以其年少，以诸生意待之。坐集既毕，众宾皆去，而亮独留，备亦不问其所欲言。备性好结毦，时适有人以髦牛尾与备者，备因手自结之。亮乃进曰：“明将军当复有远志，但结毦而已邪！”备知亮非常人也，乃投毦而答曰：“是何言与！我聊以忘忧耳。”亮遂言曰：“将军度刘镇南孰与曹公邪？”备曰：“不及。”亮又曰：“将军自度何如也？”备曰：“亦不如。”曰：“今皆不及，而将军之众不过数千人，以此待敌，得无非计乎！”备曰：“我亦愁之，当若之何？”亮曰：“今荆州非少人也，而著籍者寡，平居发调，则人心不悦；可语镇南，令国中凡有游户，皆使自实，因录以益众可也。”备从其计，故众遂强。备由此知亮有英略，乃以上客礼之。九州春秋所言亦如之。

臣松之以为亮表云“先帝不以臣卑鄙，猥自枉屈，三顾臣於草庐之中，谘臣以当世之事”，则非亮先诣备，明矣。虽闻见异辞，各生彼此，然乖背至是，亦良为可怪。

刘表长子琦，亦深器亮。表受后妻之言，爱少子琮，不悦於琦。琦每欲与亮谋自安之术，亮辄拒塞，未与处画。琦乃将亮游观后园，共上高楼，饮宴之间，令人去梯，因谓亮曰：“今日上不至天，下不至地，言出子口，入於吾耳，可以言未？”亮答曰：“君不见申生在内而危，重耳在外而安乎？”琦意感悟，阴规出计。会黄祖死，得出，遂为江夏太守。俄而表卒，琮闻曹公来征，遣使请降。先主在樊闻之，率其众南行，亮与徐庶并从，为曹公所追破，获庶母。庶辞先主而指其心曰：“本欲与将军共图王霸之业者，以此方寸之地也。今已失老母，方寸乱矣，无益於事，请从此别。”遂诣曹公（一）。

（一）魏略曰：庶先名福，本单家子，少好任侠击剑。中平末，尝为人报雠，白垩突面，被发而走，为吏所得，问其姓字，闭口不言。吏乃於车上立柱维磔之，击鼓以令於市鄽，莫敢识者，而其党伍共篡解之，得脱。於是感激，弃其刀戟，更疏巾单衣，折节学问。始诣精舍，诸生闻其前作贼，不肯与共止。福乃卑躬早起，常独扫除，动静先意，听习经业，义理精熟。遂与同郡石韬相亲爱。初平中，中州兵起，乃与韬南客荆州，到，又与诸葛亮特相善。及荆州内附，孔明与刘备相随去，福与韬俱来北。至黄初中，韬仕历郡守、典农校尉，福至右中郎将、御史中丞。逮大和中，诸葛亮出陇右，闻元直、广元仕财如此，叹曰：“魏殊多士邪！何彼二人不见用乎？”庶后数年病卒，有碑在彭城，今犹存焉。

先主至於夏口，亮曰：“事急矣，请奉命求救於孙将军。”时权拥军在柴桑，观望成败，亮说权曰：“海内大乱，将军起兵据有江东，刘豫州亦收众汉南，与曹操并争天下。今操芟夷大难，略已平矣，遂破荆州，威震四海。英雄无所用武，故豫州遁逃至此。将军量力而处之：若能以吴、越之众与中国抗衡，不如早与之绝；若不能当，何不案兵束甲，北面而事之！今将军外托服从之名，而内怀犹豫之计，事急而不断，祸至无日矣！”权曰：“苟如君言，刘豫州何不遂事之乎？”亮曰：“田横，齐之壮士耳，犹守义不辱，况刘豫州王室之胄，英才盖世，众士慕仰，若水之归海，若事之不济，此乃天也，安能复为之下乎！”权勃然曰：“吾不能举全吴之地，十万之众，受制於人。吾计决矣！非刘豫州莫可以当曹操者，然豫州新败之后，安能抗此难乎？”亮曰：“豫州军虽败於长阪，今战士还者及关羽水军精甲万人，刘琦合江夏战士亦不下万人。曹操之众，远来疲弊，闻追豫州，轻骑一日一夜行三百余里，此所谓‘强弩之末，势不能穿鲁缟’者也。故兵法忌之，曰‘必蹶上将军’。且北方之人，不习水战；又荆州之民附操者，偪兵势耳，非心服也。今将军诚能命猛将统兵数万，与豫州协规同力，破操军必矣。操军破，必北还，如此则荆、吴之势强，鼎足之形成矣。成败之机，在於今日。”权大悦，即遣周瑜、程普、鲁肃等水军三万，随亮诣先主，并力拒曹公（一）。曹公败於赤壁，引军归鄴。先主遂收江南，以亮为军师中郎将，使督零陵、桂阳、长沙三郡，调其赋税，以充军实（二）。

（一）袁子曰：张子布荐亮於孙权，亮不肯留。人问其故，曰："孙将军可谓人主，然观其度，能贤亮而不能尽亮，吾是以不留。"

臣松之以为袁孝尼著文立论，甚重诸葛之为人，至如此言则失之殊远。观亮君臣相遇，可谓希世一时，终始以分，谁能间之？宁有中违断金，甫怀择主，设使权尽其量，便当翻然去就乎？葛生行己，岂其然哉！关羽为曹公所获，遇之甚厚，可谓能尽其用矣，犹义不背本，曾谓孔明之不若云长乎！

（二）零陵先贤传云：亮时住临烝。

建安十六年，益州牧刘璋遣法正迎先主，使击张鲁。亮与关羽镇荆州。先主自葭萌还攻璋，亮与张飞、赵云等率众溯江，分定郡县，与先主共围成都。成都平，以亮为军师将军，署左将军府事。先主外出，亮常镇守成都，足食足兵。二十六年，群下劝先主称尊号，先主未许，亮说曰："昔吴汉、耿弇等初劝世祖即帝位，世祖辞让，前后数四，耿纯进言曰：'天下英雄喁喁，冀有所望。如不从议者，士大夫各归求主，无为从公也。'世祖感纯言深至，遂然诺之。今曹氏篡汉，天下无主，大王刘氏苗族，绍世而起，今即帝位，乃其宜也。士大夫随大王久勤苦者，亦欲望尺寸之功如纯言耳。"先主於是即帝位，策亮为丞相曰："朕遭家不造，奉承大统，兢兢业业，不敢康宁，思靖百姓，惧未能绥。於戏！丞相亮其悉朕意，无怠辅朕之阙，助宣重光，以照明天下，君其勖哉！"亮以丞相录尚书事，假节。张飞卒后，领司隶校尉[一]。

（一）蜀记曰：晋初扶风王骏镇关中，司马高平刘宝、长史荥阳桓隰诸官属士大夫共论诸葛亮，于时谭者多讥亮讬身非所，劳困蜀民，力小谋大，不能度德量力。金城郭冲以为亮权智英略，有逾管、晏，功业未济，论者惑焉，条亮五事隐没不闻於世者，宝等亦不能复难。扶风王慨然善冲之言。

臣松之以为亮之异美，诚所愿闻，然冲之所说，实皆可疑，谨随事难之如左：

其一事曰：亮刑法峻急，刻剥百姓，自君子小人咸怀怨叹，法正谏曰：“昔高祖入关，约法三章，秦民知德，今君假借威力，跨据一州，初有其国，未垂惠抚；且客主之义，宜相降下，愿缓刑弛禁，以慰其望。”亮答曰：“君知其一，未知其二。秦以无道，政苛民怨，匹夫大呼，天下土崩，高祖因之，可以弘济。刘璋暗弱，自焉已来有累世之恩，文法羁縻，互相承奉，德政不举，威刑不肃。蜀土人士，专权自恣，君臣之道，渐以陵替；宠之以位，位极则贱，顺之以恩，恩竭则慢。所以致弊，实由於此。吾今威之以法，法行则知恩，限之以爵，爵加则知荣；荣恩并济，上下有节。为治之要，於斯而著。”难曰：案法正在刘主前死，今称法正谏，则刘主在也。诸葛职为股肱，事归元首，刘主之世，亮又未领益州，庆赏刑政，不出於己。寻冲所述亮答，专自有其能，有违人臣自处之宜。以亮谦顺之体，殆必不然。又云亮刑法峻急，刻剥百姓，未闻善政以刻剥为称。

其二事曰：曹公遣刺客见刘备，方得交接，开论伐魏形势，甚合备计。稍欲亲近，刺者尚未得便会，既而亮入，魏客神色失措。亮因而察之，亦知非常人。须臾，客如厕，备谓亮曰：“向得奇士，足以助君补益。”亮问所在，备曰：“起者其人也。”亮徐叹曰：“观客色动而神惧，视低而忤数，奸形外漏，邪心内藏，必曹氏刺客也。”追之，已越墙而走。难曰：凡为刺客，皆暴虎冯河，死而无悔者也。刘主有知人之鉴，而惑於此客，则此客必一时之奇士也。又语诸葛云“足以助君补益”，则亦诸葛之流亚也。凡如诸葛之俦，鲜有为人作刺客者矣，时主亦当惜其器用，必不投之死地也。且此人不死，要应显达为魏，竟是谁乎？何其寂蔑而无闻！

章武三年春，先主於永安病笃，召亮於成都，属以后事，谓亮曰：“君才十倍曹丕，必能安国，终定大事。若嗣子可辅，辅之；如其不才，君可自取。”亮涕泣曰：“臣敢竭股肱之力，效忠贞之节，继之以死！”先主又为诏敕后主曰：“汝与丞相从事，事之如父。”[一]建兴元年，封亮武乡侯，开府治事。顷之，又领益州牧。政事无巨细，咸决於亮。南中诸郡，并皆叛乱，亮以新遭大丧，故未便加兵，且遣使聘吴，因结和亲，遂为与国[二]。

（一）孙盛曰：夫杖道扶义，体存信顺，然后能匡主济功，终定大业。语曰弈者举缸不定犹不胜其偶，况量君之才否而二三其节，可以摧服强邻囊括四海者乎？备之命亮，乱孰甚焉！

世或有谓备欲以固委付之诚，且以一蜀人之志。君子曰，不然；苟所寄忠贤，则不须若斯之诲，如非其人，不宜启篡逆之涂。是以古之顾命，必贻话言；诡伪之辞，非托孤之谓。幸值刘禅闇弱，无猜险之性，诸葛威略，足以检卫异端，故使异同之心无由自起耳。不然，殆生疑隙不逞之衅。谓之为权，不亦惑哉！

（二）亮集曰：是岁，魏司徒华歆、司空王朗、尚书令陈群、太史令许芝、谒者仆射诸葛璋各有书与亮，陈天命人事，欲使举国称籓。亮遂不报书，作正议曰："昔在项羽，起不由德，虽处华夏，秉帝者之势，卒就汤镬，为后永戒。魏不审鉴，今次之矣；免身为幸，戒在子孙。而二三子各以耆艾之齿，承伪指而进书，有若崇、竦称莽之功，亦将偪于元祸苟免者邪！昔世祖之创迹旧基，奋羸卒数千，摧莽强旅四十余万於昆阳之郊。夫据道讨淫，不在众寡。及至孟德，以其谲胜之力，举数十万之师，救张郃於阳平，势穷虑悔，仅能自脱，辱其锋锐之众，遂丧汉中之地，深知神器不可妄获，旋还未至，感毒而死。子桓淫逸，继之以篡。纵使二三子多逞苏、张诡靡之说，奉进驩兜滔天之辞，欲以诬毁唐帝，讽解禹、稷，所谓徒丧文藻烦劳翰墨者矣。夫大人君子之所不为也。又军诫曰：'万人必死，横行天下。'昔轩辕氏整卒数万，制四方，定海内，况以数十万之众，据正道而临有罪，可得干拟者哉！"

三年春，亮率众南征（一），其秋悉平。军资所出，国以富饶（二），乃治戎讲武，以俟大举。五年，率诸军北驻汉中，临发，上疏曰：

先帝创业未半而中道崩殂，今天下三分，益州疲弊，此诚危急存亡之秋也。然侍卫之臣不懈於内，忠志之士忘身於外者，盖追先帝之殊遇，欲报之於陛下也。诚宜开张圣（德）（听），以光先帝遗德，恢弘志士之气，不宜妄自菲薄，引喻失义，以塞忠谏之路也。宫中府中俱为一体，陟罚臧否，不宜异同。若有作奸犯科及为忠善者，宜付有司论其刑赏，以昭陛下平明之理，不宜偏私，使内外异法也。侍中、侍郎郭攸之、费祎、董允等，此皆良实，志虑忠纯，是以先帝简拔以遗陛下。愚以为宫中之事，事无大小，悉以咨之，然后施行，必能裨补阙漏，有所广益。将军向宠，性行淑均，晓畅军事，试用於昔日，先帝称之曰能，是以众议举宠为督。愚以为营中之事，悉以咨之，必能使行陈和睦，优劣得所。亲贤臣，远小人，此先汉所以兴隆也；亲小人，远贤臣，此后汉所以倾颓也。先帝在时，每与臣论此事，未尝不叹息痛恨於桓、灵也。侍中、尚书、长史、参军，此悉贞良死节之臣，愿陛下亲之信之，则汉室之隆，可计日而待也。

臣本布衣，躬耕於南阳，苟全性命於乱世，不求闻达於诸侯。先帝不以臣卑鄙，猥自枉屈，三顾臣於草庐之中，谘臣以当世之事，由是感激，遂许先帝以驱驰。后值倾覆，受任於败军之际，奉命於危难之间，尔来二十有一年矣[三]。先帝知臣谨慎，故临崩寄臣以大事也。受命以来，夙夜忧叹，恐托付不效，以伤先帝之明，故五月渡泸，深入不毛[四]。今南方已定，兵甲已足，当奖率三军，北定中原，庶竭驽钝，攘除奸凶，兴复汉室，还于旧都。此臣所以报先帝，而忠陛下之职分也。

至於斟酌损益，进尽忠言，则攸之、祎、允之任也。愿陛下托臣以讨贼兴复之效；不效，则治臣之罪，以告先帝之灵。（若无兴德之言，则）责攸之、祎、允等之慢，以彰其咎。陛下亦宜自谋，以谘诹善道，察纳雅言，深追先帝遗诏。臣不胜受恩感激，今当远离，临表涕零，不知所言。遂行，屯于沔阳[五]。

（一）诏赐亮金鈇钺一具，曲盖一，前后羽葆鼓吹各一部，虎贲六十人。事在亮集。

（二）汉晋春秋曰：亮至南中，所在战捷。闻孟获者，为夷、汉所服，募生致之。既得，使观於营陈之间，问曰：“此军何如？”获对曰：“向者不知虚实，故败。今蒙赐观看营陈，若只如此，即定易胜耳。”亮笑，纵使更战，七纵七禽，而亮犹遣获。获止不去，曰：“公，天威也，南人不复反矣。”遂至滇池。南中平，皆即其渠率而用之。或以谏亮，亮曰：“若留外人，则当留兵，兵留则无所食，一不易也；加夷新伤破，父兄死丧，留外人而无兵者，必成祸患，二不易也；又夷累有废杀之罪，自嫌衅重，若留外人，终不相信，三不易也；今吾欲使不留兵，不运粮，而纲纪粗定，夷、汉粗安故耳。”

（三）臣松之案：刘备以建安十三年败，遣亮使吴，亮以建兴五年抗表北伐，自倾覆至此整二十年。然则备始与亮相遇，在败军之前一年时也。

（四）汉书地理志曰：泸惟水出牂牁郡句町县。

（五）郭冲三事曰：亮屯于阳平，遣魏延诸军并兵东下，亮惟留万人守城。晋宣帝率二十万众拒亮，而与延军错道，径至前，当亮六十里所，侦候白宣帝说亮在城中兵少力弱。亮亦知宣帝垂至，已与相偪，欲前赴延军，相去又远，回迹反追，势不相及，将士失色，莫知其计。亮意气自若，敕军中皆卧旗息鼓，不得妄出菴幔，又令大开四城门，埽地却洒。宣帝常谓亮持重，而猥见势弱，疑其有伏兵，於是引军北趣山。明日食时，亮谓参佐拊手大笑曰："司马懿必谓吾怯，将有强伏，循山走矣。"候逻还白，如亮所言。宣帝后知，深以为恨。难曰：案阳平在汉中。亮初屯阳平，宣帝尚为荆州都督，镇宛城，至曹真死后，始与亮於关中相抗御耳。魏尝遣宣帝自宛由西城伐蜀，值霖雨，不果。此之前后，无复有於阳平交兵事。就如冲言，宣帝既举二十万众，已知亮兵少力弱，若疑其有伏兵，正可设防持重，何至便走乎？案魏延传云："延每随亮出，辄欲请精兵万人，与亮异道会于潼关，亮制而不许；延常谓亮为怯，叹己才用之不尽也。"亮尚不以延为万人别统，岂得如冲言，顿使将重兵在前，而以轻弱自守乎？且冲与扶风王言，显彰宣帝之短，对子毁父，理所不容，而云"扶风王慨然善冲之言"，故知此书举引皆虚。

六年春，扬声由斜谷道取郿，使赵云、邓芝为疑军，据箕谷，魏大将军曹真举众拒之。亮身率诸军攻祁山，戎陈整齐，赏罚肃而号令明，南安、天水、安定三郡叛魏应亮，关中响震（一）。魏明帝西镇长安，命张郃拒亮，亮使马谡督诸军在前，与郃战于街亭。谡违亮节度，举动失宜，大为郃所破。亮拔西县千余家，还于汉中（二），戮谡以谢众。上疏曰："臣以弱才，叨窃非据，亲秉旄钺以厉三军，不能训章明法，临事而惧，至有街亭违命之阙，箕谷不戒之失，咎皆在臣授任无方。臣明不知人，恤事多闇，春秋责帅，臣职是当。请自贬三等，以督厥咎。"於是以亮为右将军，行丞相事，所总统如前（三）。

（一）魏略曰：始，国家以蜀中惟有刘备。备既死，数岁寂然无声，是以略无备预；而卒闻亮出，朝野恐惧，陇右、祁山尤甚，故三郡同时应亮。

（二）郭冲四事曰：亮出祁山，陇西、南安二郡应时降，围天水，拔冀城，虏姜维，驱略士女数千人还蜀。人皆贺亮，亮颜色愀然有戚容，谢曰："普天之下，莫非汉民，国家威力未举，使百姓困於豺狼之吻。一夫有死，皆亮之罪，以此相贺，能不为愧。"於是蜀人咸知亮有吞魏之志，非惟拓境而已。难曰：亮有吞魏之志久矣，不始於此众人方知也，且于时师出无成，

伤缺而反者众，三郡归降而不能有。姜维，天水之匹夫耳，获之则於魏何损？拔西县千家，不补街亭所丧，以何为功，而蜀人相贺乎？

（三）汉晋春秋曰：或劝亮更发兵者，亮曰：“大军在祁山、箕谷，皆多於贼，而不能破贼为贼所破者，则此病不在兵少也，在一人耳。今欲减兵省将，明罚思过，校变通之道於将来；若不能然者，虽兵多何益！自今已后，诸有忠虑於国，但勤攻吾之阙，则事可定，贼可死，功可蹻足而待矣。”於是考微劳，甄烈壮，引咎责躬，布所失於天下，厉兵讲武，以为后图，戎士简练，民忘其败矣。亮闻孙权破曹休，魏兵东下，关中虚弱。十一月，上言曰：“先帝虑汉、贼不两立，王业不偏安，故托臣以讨贼也。以先帝之明，量臣之才，故知臣伐贼才弱敌强也；然不伐贼，王业亦亡，惟坐待亡，孰与伐之？是故托臣而弗疑也。臣受命之日，寝不安席，食不甘味，思惟北征，宜先入南，故五月渡泸，深入不毛，并日而食。臣非不自惜也，顾王业不得偏全於蜀都，故冒危难以奉先帝之遗意也，而议者谓为非计。今贼适疲於西，又务於东，兵法乘劳，此进趋之时也。谨陈其事如左：高帝明并日月，谋臣渊深，然涉险被创，危然后安。今陛下未及高帝，谋臣不如良、平，而欲以长计取胜，坐定天下，此臣之未解一也。刘繇、王朗各据州郡，论安言计，动引圣人，群疑满腹，众难塞胸，今岁不战，明年不征，使孙策坐大，遂并江东，此臣之未解二也。曹操智计殊绝於人，其用兵也，仿佛孙、吴，然困於南阳，险於乌巢，危於祁连，偪於黎阳，几败北山，殆死潼关，然后伪定一时耳，况臣才弱，而欲以不危而定之，此臣之未解三也。曹操五攻昌霸不下，四越巢湖不成，任用李服而李服图之，委夏侯而夏侯败亡，先帝每称操为能，犹有此失，况臣驽下，何能必胜？此臣之未解四也。自臣到汉中，中间期年耳，然丧赵云、阳群、马玉、阎芝、丁立、白寿、刘郃、邓铜等及曲长屯将七十余人，突将无前。賨、叟、青羌散骑、武骑一千余人，此皆数十年之内所纠合四方之精锐，非一州之所有，若复数年，则损三分之二也，当何以图敌？此臣之未解五也。今民穷兵疲，而事不可息，事不可息，则住与行劳费正等，而不及今图之，欲以一州之地与贼持久，此臣之未解六也。夫难平者，事也。昔先帝败军於楚，当此时，曹操拊手，谓天下以定。然后先帝东连吴、越，西取巴、蜀，举兵北征，夏侯授首，此操之失计而汉事将成也。然后吴更违盟，关羽毁败，秭归蹉跌，曹丕称帝。凡事如是，难可逆见。臣鞠躬尽力，死而后已，至於成败利钝，非臣之明所能逆睹也。”於是有散关之役。此表，亮集所无，出张俨默记。

冬，亮复出散关，围陈仓，曹真拒之，亮粮尽而还。魏将王双率骑追亮，亮与战，破之，斩双。七年，亮遣陈式攻武都、阴平。魏雍州刺史郭淮率众欲击式，亮自出至建威，淮退还，遂平二郡。诏策亮曰："街亭之役，咎由马谡，而君引愆，深自贬抑，重违君意，听顺所守。前年燿师，馘斩王双；今岁爰征，郭淮遁走；降集氐、羌，兴复二郡，威镇凶暴，功勋显然。方今天下骚扰，元恶未枭，君受大任，幹国之重，而久自挹损，非所以光扬洪烈矣。今复君丞相，君其勿辞。"（一）

（一）汉晋春秋曰：是岁，孙权称尊号，其群臣以并尊二帝来告。议者咸以为交之无益，而名体弗顺，宜显明正义，绝其盟好。亮曰："权有僭逆之心久矣，国家所以略其衅情者，求掎角之援也。今若加显绝，雠我必深，便当移兵东（戍），与之角力，须并其土，乃议中原。彼贤才尚多，将相缉穆，未可一朝定也。顿兵相持，坐而须老，使北贼得计，非算之上者。昔孝文卑辞匈奴，先帝优与吴盟，皆应权通变，弘思远益，非匹夫之为（分）者也。今议者咸以权利在鼎足，不能并力，且志望以满，无上岸之情，推此，皆似是而非也。何者？其智力不侔，故限江自保；权之不能越江，犹魏贼之不能渡汉，非力有余而利不取也。若大军致讨，彼高当分裂其地以为后规，下当略民广境，示武於内，非端坐者也。若就其不动而睦於我，我之北伐，无东顾之忧，河南之众不得尽西，此之为利，亦已深矣。权僭之罪，未宜明也。"乃遣卫尉陈震庆权正号。

九年，亮复出祁山，以木牛运（一），粮尽退军，与魏将张郃交战，射杀郃（二）。十二年春，亮悉大众由斜谷出，以流马运，据武功五丈原，与司马宣王对於渭南。亮每患粮不继，使己志不申，是以分兵屯田，为久驻之基。耕者杂於渭滨居民之间，而百姓安堵，军无私焉（三）。相持百余日。其年八月，亮疾病，卒于军，时年五十四（四）。及军退，宣王案行其营垒处所，曰："天下奇才也！"（五）

（一）汉晋春秋曰：亮围祁山，招鲜卑轲比能，比能等至故北地石城以应亮。於是魏大司马曹真有疾，司马宣王自荆州入朝，魏明帝曰："西方事重，非君莫可付者。"乃使西屯长安，

督张郃、费曜、戴陵、郭淮等。宣王使曜、陵留精兵四千守上邽，余众悉出，西救祁山。郃欲分兵驻雍、郿，宣王曰：“料前军能独当之者，将军言是也；若不能当而分为前后，此楚之三军所以为黥布禽也。”遂进。亮分兵留攻，自逆宣王于上邽。郭淮、费曜等徼亮，亮破之，因大芟刈其麦，与宣王遇于上邽之东，敛兵依险，军不得交，亮引而还。宣王寻亮至于卤城。张郃曰：“彼远来逆我，请战不得，谓我利在不战，欲以长计制之也。且祁山知大军以在近，人情自固，可止屯於此，分为奇兵，示出其后，不宜进前而不敢偪，坐失民望也。今亮县军食少，亦行去矣。”宣王不从，故寻亮。既至，又登山掘营，不肯战。贾栩、魏平数请战，因曰：“公畏蜀如虎，奈天下笑何！”宣王病之。诸将咸请战。五月辛巳，乃使张郃攻无当监何平於南围，自案中道向亮。亮使魏延、高翔、吴班赴拒，大破之，获甲首三千级，玄铠五千领，角弩三千一百张，宣王还保营。

（二）郭冲五事曰：魏明帝自征蜀，幸长安，遣宣王督张郃诸军，雍、凉劲卒三十余万，潜军密进，规向剑阁。亮时在祁山，旌旗利器，守在险要，十二更下，在者八万。时魏军始陈，幡兵适交，参佐咸以贼众强盛，非力不制，宜权停下兵一月，以并声势。亮曰：“吾统武行师，以大信为本，得原失信，古人所惜；去者束装以待期，妻子鹤望而计日，虽临征难，义所不废。”皆催遣令去。於是去者感悦，原留一战，住者愤踊，思致死命。相谓曰：“诸葛公之恩，死犹不报也。”临战之日，莫不拔刃争先，以一当十，杀张郃，卻宣王，一战大剋，此信之由也。难曰：臣松之案：亮前出祁山，魏明帝身至长安耳，此年不复自来。且亮大军在关、陇，魏人何由得越亮径向剑阁？亮既在战场，本无久住之规，而方休兵还蜀，皆非经通之言。孙盛、习凿齿搜求异同，罔有所遗，而并不载冲言，知其乖剌多矣。

（三）汉晋春秋曰：亮自至，数挑战。宣王亦表固请战。使卫尉辛毗持节以制之。姜维谓亮曰：“辛佐治仗节而到，贼不复出矣。”亮曰：“彼本无战情，所以固请战者，以示武於其众耳。将在军，君命有所不受，苟能制吾，岂千里而请战邪！”

魏氏春秋曰：亮使至，问其寝食及其事之烦简，不问戎事。使对曰：“诸葛公夙兴夜寐，罚二十以上，皆亲揽焉；所啖食不至数升。”宣王曰：“亮将死矣。”

（四）魏书曰：亮粮尽势穷，忧恚欧血，一夕烧营遁走，入谷，道发病卒。

汉晋春秋曰：亮卒于郭氏坞。

晋阳秋曰：有星赤而芒角，自东北西南流，投于亮营，三投再还，往大还小。俄而亮卒。

臣松之以为亮在渭滨，魏人蹑迹，胜负之形，未可测量，而云欧血，盖因亮自亡而自夸大也。夫以孔明之略，岂为仲达欧血乎？及至刘琨丧师，与晋元帝笺亦云“亮军败欧血”，此则引虚记以为言也。其云入谷而卒，缘蜀人入谷发丧故也。

（五）汉晋春秋曰：杨仪等整军而出，百姓奔告宣王，宣王追焉。姜维令仪反旗鸣鼓，若将向宣王者，宣王乃退，不敢偪。於是仪结陈而去，入谷然后发丧。宣王之退也，百姓为之谚曰：“死诸葛走生仲达。”或以告宣王，宣王曰：“吾能料生，不便料死也。”

亮遗命葬汉中定军山，因山为坟，冢足容棺，敛以时服，不须器物。诏策曰：“惟君体资文武，明叡笃诚，受遗托孤，匡辅朕躬，继绝兴微，志存靖乱；爰整六师，无岁不征，神武赫然，威镇八荒，将建殊功於季汉，参伊、周之巨勋。如何不吊，事临垂克，遘疾陨丧！朕用伤悼，肝心若裂。夫崇德序功，纪行命谥，所以光昭将来，刊载不朽。今使使持节左中郎将杜琼，赠君丞相武乡侯印绶，谥君为忠武侯。魂而有灵，嘉兹宠荣。呜呼哀哉！呜呼哀哉！”

初，亮自表后主曰：“成都有桑八百株，薄田十五顷，子弟衣食，自有余饶。至於臣在外任，无别调度，随身衣食，悉仰於官，不别治生，以长尺寸。若臣死之日，不使内有余帛，外有赢财，以负陛下。”及卒，如其所言。

亮性长於巧思，损益连弩，木牛流马，皆出其意；推演兵法，作八陈图，咸得其要云（一）。亮言教书奏多可观，别为一集。

（一）魏氏春秋曰：亮作八务、七戒、六恐、五惧，皆有条章，以训厉臣子。又损益连弩，谓之元戎，以铁为矢，矢长八寸，一弩十矢俱发。

亮集载作木牛流马法曰：“木牛者，方腹曲头，一脚四足，头入领中，舌著於腹。载多而行少，宜可大用，不可小使；特行者数十里，群行者二十里也。曲者为牛头，双者为牛脚，横者为牛领，转者为牛足，覆者为牛背，方者为牛腹，垂者为牛舌，曲者为牛肋，刻者为牛齿，立者为牛角，细者为牛鞅，摄者为牛鞦轴。牛仰双辕，人行六尺，牛行四步。载一岁粮，日行二十里，而人不大劳。流马尺寸之数，肋长三尺五寸，广三寸，厚二寸二分，左右同。前轴孔分墨去头四寸，径中二寸。前脚孔分墨二寸，去前轴孔四寸五分，广一寸。前杠孔去前脚孔分

墨二寸七分，孔长二寸，广一寸。后轴孔去前杠分墨一尺五分，大小与前同。后脚孔分墨去后轴孔三寸五分，大小与前同。后杠孔去后脚孔分墨二寸七分，后载剋去后杠孔分墨四寸五分。前杠长一尺八寸，广二寸，厚一寸五分。后杠与等版方囊二枚，厚八分，长二尺七寸，高一尺六寸五分，广一尺六寸，每枚受米二斛三斗。从上杠孔去肋下七寸，前后同。上杠孔去下杠孔分墨一尺三寸，孔长一寸五分，广七分，八孔同。前后四脚，广二寸，厚一寸五分。形制如象，靬长四寸，径面四寸三分。孔径中三脚杠，长二尺一寸，广一寸五分，厚一寸四分，同杠耳。”

景耀六年春，诏为亮立庙於沔阳[一]。秋，魏镇西将军锺会征蜀，至汉川，祭亮之庙，令军士不得於亮墓所左右刍牧樵采。亮弟均，官至长水校尉。亮子瞻，嗣爵[二]。

（一）襄阳记曰：亮初亡，所在各求为立庙，朝议以礼秩不听，百姓遂因时节私祭之於道陌上。言事者或以为可听立庙於成都者，后主不从。步兵校尉习隆、中书郎向充等共上表曰：“臣闻周人怀召伯之德，甘棠为之不伐；越王思范蠡之功，铸金以存其像。自汉兴以来，小善小德而图形立庙者多矣。况亮德范遐迩，勋盖季世，王室之不坏，实斯人是赖，而蒸尝止於私门，庙像阙而莫立，使百姓巷祭，戎夷野祀，非所以存德念功，述追在昔者也。今若尽顺民心，则渎而无典，建之京师，又偪宗庙，此圣怀所以惟疑也。臣愚以为宜因近其墓，立之於沔阳，使所亲属以时赐祭，凡其臣故吏欲奉祠者，皆限至庙。断其私祀，以崇正礼。”於是始从之。

（二）襄阳记曰：黄承彦者，高爽开列，为沔南名士，谓诸葛孔明曰：“闻君择妇；身有丑女，黄头黑色，而才堪相配。”孔明许，即载送之。时人以为笑乐，乡里为之谚曰：“莫作孔明择妇，正得阿承丑女。”

臣寿等言：臣前在著作郎，侍中领中书监济北侯臣荀勖、中书令关内侯臣和峤奏，使臣定故蜀丞相诸葛亮故事。亮毗佐危国，负阻不宾，然犹存录其言，耻善有遗，诚是大晋光明至德，泽被无疆，自古以来，未之有伦也。辄删除衤复重，随类相从，凡为二十四篇，篇名如右。

亮少有逸群之才，英霸之器，身长八尺，容貌甚伟，时人异焉。遭汉末扰乱，随叔父玄避难荆州，躬耕于野，不求闻达。时左将军刘备以亮有殊量，乃三顾亮於草庐之中；亮深谓备雄姿杰出，遂解带写诚，厚相结纳。及魏武帝南征荆州，刘琮举州委质，而备失势众寡，无立锥之地。亮时年二十七，乃建奇策，身使孙权，求援吴会。权既宿服仰备，又睹亮奇雅，甚敬重之，即遣兵三万人以助备。备得用与武帝交战，大破其军，乘胜克捷，江南悉平。后备又西取益州。益州既定，以亮为军师将军。备称尊号，拜亮为丞相，录尚书事。及备殂没，嗣子幼弱，事无巨细，亮皆专之。於是外连东吴，内平南越，立法施度，整理戎旅，工械技巧，物究其极，科教严明，赏罚必信，无恶不惩，无善不显，至於吏不容奸，人怀自厉，道不拾遗，强不侵弱，风化肃然也。

当此之时，亮之素志，进欲龙骧虎视，苞括四海，退欲跨陵边疆，震荡宇内。又自以为无身之日，则未有能蹈涉中原、抗衡上国者，是以用兵不戢，屡耀其武。然亮才，於治戎为长，奇谋为短，理民之幹，优於将略。而所与对敌，或值人杰，加众寡不侔，攻守异体，故虽连年动众，未能有克。昔萧何荐韩信，管仲举王子城父，皆忖己之长，未能兼有故也。亮之器能政理，抑亦管、萧之亚匹也，而时之名将无城父、韩信，故使功业陵迟，大义不及邪？盖天命有归，不可以智力争也。

青龙二年春，亮帅众出武功，分兵屯田，为久驻之基。其秋病卒，黎庶追思，以为口实。至今梁、益之民，咨述亮者，言犹在耳，虽甘棠之咏召公，郑人之歌子产，无以远譬也。孟轲有云："以逸道使民，虽劳不怨；以生道杀人，虽死不忿。"信矣！论者或怪亮文彩不艳，而过於丁宁周至。臣愚以为咎繇大贤也，周公圣人也，考之尚书，咎繇之谟略而雅，周公之诰烦而悉。何则？咎繇与舜、禹共谈，周公与群下矢誓故也。亮所与言，尽众人凡士，故其文指不得及远也。然其声教遗言，皆经事综物，公诚之心，形于文墨，足以知其人之意理，而有补於当世。

伏惟陛下迈踪古圣，荡然无忌，故虽敌国诽谤之言，咸肆其辞而无所革讳，所以明大通之道也。谨录写上诣著作。臣寿诚惶诚恐，顿首顿首，死罪死罪。泰始十年二月一日癸巳，平阳侯相臣陈寿上。

乔字伯松，亮兄瑾之第二子也，本字仲慎。与兄元逊俱有名於时，论者以为乔才不及兄，而性业过之。初，亮未有子，求乔为嗣，瑾启孙权遣乔来西，亮以乔为己适子，故易其字焉。拜为驸马都尉，随亮至汉中[一]。年二十五，建兴（元）（六）年卒。子攀，官至行护军翊武将军，亦早卒。诸葛恪见诛於吴，子孙皆尽，而亮自有胄裔，故攀还复为瑾后。

（一）亮与兄瑾书曰："乔本当还成都，今诸将子弟皆得传运，思惟宜同荣辱。今使乔督五六百兵，与诸子弟传於谷中。"书在亮集。

瞻字思远。建兴十二年，亮出武功，与兄瑾书曰："瞻今已八岁，聪慧可爱，嫌其早成，恐不为重器耳。"年十七，尚公主，拜骑都尉。其明年为羽林中郎将，屡迁射声校尉、侍中、尚书仆射，加军师将军。瞻工书画，强识念，蜀人追思亮，咸爱其才敏。每朝廷有一善政佳事，虽非瞻所建倡，百姓皆传相告曰："葛侯之所为也。"是以美声溢誉，有过其实。景耀四年，为行都护卫将军，与辅国大将军南乡侯董厥并平尚书事。六年冬，魏征西将军邓艾伐蜀，自阴平由景谷道旁入。瞻督诸军至涪停住，前锋破，退还，住绵竹。艾遣书诱瞻曰："若降者必表为琅邪王。"瞻怒，斩艾使。遂战，大败，临陈死，时年三十七。众皆离散，艾长驱至成都。瞻长子尚，与瞻俱没[一]。次子京及攀子显等，咸熙元年内移河东[二]。

（一）干宝曰：瞻虽智不足以扶危，勇不足以拒敌，而能外不负国，内不改父之志，忠孝存焉。华阳国志曰：尚叹曰："父子荷国重恩，不早斩黄皓，以致倾败，用生何为！"乃驰赴魏军而死。

（二）案诸葛氏谱云：京字行宗。

晋泰始起居注载诏曰："诸葛亮在蜀，尽其心力，其子瞻临难而死义，天下之善一也。"其孙京，随才署吏，后为郿令。尚书仆射山涛启事曰："郿令诸葛京，祖父亮，遇汉乱分隔，父子在蜀，虽不达天命，要为尽心所事。京治郿自复有称，臣以为宜以补东宫舍人，以明事人之理，副梁、益之论。"京位至江州刺史。

董厥者，丞相亮时为府令史，亮称之曰："董令史，良士也。吾每与之言，思慎宜适。"徙为主簿。亮卒后，稍迁至尚书仆射，代陈祗为尚书令，迁大将军，平台事，而义阳樊建代焉[一]。延熙（二）十四年，以校尉使吴，值孙权病笃，不自见建。权问诸葛恪曰："樊建何如宗预也？"恪对曰："才识不及预，而雅性过之。"后为侍中，守尚书令。自瞻、厥、建统事，姜维常征伐在外，宦人黄皓窃弄机柄，咸共将护，无能匡矫[二]，然建特不与皓和好往来。蜀破之明年春，厥、建俱诣京都，同为相国参军，其秋并兼散骑常侍，使蜀慰劳[三]。

（一）案晋百官表：董厥字龚袭，亦义阳人。建字长元。

（二）孙盛异同记曰：瞻、厥等以维好战无功，国内疲弊，宜表后主，召还为益州刺史，夺其兵权；蜀长老犹有瞻表以阎宇代维故事。晋永和三年，蜀史常璩说蜀长老云："陈寿尝为瞻吏，为瞻所辱，故因此事归恶黄皓，而云瞻不能匡矫也。"

（三）汉晋春秋曰：樊建为给事中，晋武帝问诸葛亮之治国，建对曰："闻恶必改，而不矜过，赏罚之信，足感神明。"帝曰："善哉！使我得此人以自辅，岂有今日之劳乎！"建稽首曰："臣窃闻天下之论，皆谓邓艾见枉，陛下知而不理，此岂冯唐之所谓'虽得颇、牧而不能用'者乎！"帝笑曰："吾方欲明之，卿言起我意。"於是发诏治艾焉。

评曰：诸葛亮之为相国也，抚百姓，示仪轨，约官职，从权制，开诚心，布公道；尽忠益时者虽雠必赏，犯法怠慢者虽亲必罚，服罪输情者虽重必释，游辞巧饰者虽轻必戮；善无微而不赏，恶无纤而不贬；庶事精练，物理其本，循名责实，虚伪不齿；终於邦域之内，咸畏而爱之，刑政虽峻而无怨者，以其用心平而劝戒明也。可谓识治之良才，管、萧之亚匹矣。然连年动众，未能成功，盖应变

将略，非其所长欤[一]！

（一）袁子曰：或问诸葛亮何如人也，袁子曰：张飞、关羽与刘备俱起，爪牙腹心之臣，而武人也。晚得诸葛亮，因以为佐相，而群臣悦服，刘备足信、亮足重故也。及其受六尺之孤，摄一国之政，事凡庸之君，专权而不失礼，行君事而国人不疑，如此即以为君臣百姓之心欣戴之矣。行法严而国人悦服，用民尽其力而下不怨。及其兵出入如宾，行不寇，刍荛者不猎，如在国中。其用兵也，止如山，进退如风，兵出之日，天下震动，而人心不忧。亮死至今数十年，国人歌思，如周人之思召公也，孔子曰“雍也可使南面”，诸葛亮有焉。又问诸葛亮始出陇右，南安、天水、安定三郡人反应之，若亮速进，则三郡非中国之有也，而亮徐行不进；既而官兵上陇，三郡复，亮无尺寸之功，失此机，何也？袁子曰：蜀兵轻锐，良将少，亮始出，未知中国强弱，是以疑而尝之；且大会者不求近功，所以不进也。曰：何以知其疑也？袁子曰：初出迟重，屯营重复，后转降未进兵欲战，亮勇而能斗，三郡反而不速应，此其疑徵也。曰：何以知其勇而能斗也？袁子曰：亮之在街亭也，前军大破，亮屯去数里，不救；官兵相接，又徐行，此其勇也。亮之行军，安静而坚重；安静则易动，坚重则可以进退。亮法令明，赏罚信，士卒用命，赴险而不顾，此所以能斗也。曰：亮率数万之众，其所兴造，若数十万之功，是其奇者也。所至营垒、井灶、圊溷、籓篱、障塞皆应绳墨，一月之行，去之如始至，劳费而徒为饰好，何也？袁子曰：蜀人轻脱，亮故坚用之。曰：何以知其然也？袁子曰：亮治实而不治名，志大而所欲远，非求近速者也。曰：亮好治官府、次舍、桥梁、道路，此非急务，何也？袁子曰：小国贤才少，故欲其尊严也。亮之治蜀，田畴辟，仓廪实，器械利，蓄积饶，朝会不华，路无醉人。夫本立故末治，有余力而后及小事，此所以劝其功也。曰：子之论诸葛亮，则有证也。以亮之才而少其功，何也？袁子曰：亮，持本者也，其於应变，则非所长也，故不敢用其短。曰：然则吾子美之，何也？袁子曰：此固贤者之远矣，安可以备体责也。夫能知所短而不用，此贤者之大也；知所短则知所长矣。夫前识与言而不中，亮之所不用也，此吾之所谓可也。

吴大鸿胪张俨作默记，其述佐篇论亮与司马宣王书曰：汉朝倾覆，天下崩坏，豪杰之士，竞希神器。魏氏跨中土，刘氏据益州，并称兵海内，为世霸主。诸葛、司马二相，遭值际会，讬身明主，或收功於蜀汉，或册名於伊、洛。丕、备既没，后嗣继统，各受保阿之任，辅翼幼主，不负然诺之诚，亦一国之宗臣，霸王之贤佐也。历前世以观近事，二相优劣，可得而详也。

孔明起巴、蜀之地，蹈一州之土，方之大国，其战士人民，盖有九分之一也，而以贡贽大吴，抗对北敌，至使耕战有伍，刑法整齐，提步卒数万，长驱祁山，慨然有饮马河、洛之志。仲达据天下十倍之地，仗兼并之众，据牢城，拥精锐，无禽敌之意，务自保全而已，使彼孔明自来自去。若此人不亡，终其志意，连年运思，刻日兴谋，则凉、雍不解甲，中国不释鞍，胜负之势，亦已决矣。昔子产治郑，诸侯不敢加兵，蜀相其近之矣。方之司马，不亦优乎！或曰，兵者凶器，战者危事也，有国者不务保安境内，绥静百姓，而好开辟土地，征伐天下，未为得计也。诸葛丞相诚有匡佐之才，然处孤绝之地，战士不满五万，自可闭关守险，君臣无事。空劳师旅，无岁不征，未能进咫尺之地，开帝王之基，而使国内受其荒残，西土苦其役调。魏司马懿才用兵众，未易可轻，量敌而进，兵家所慎；若丞相必有以策之，则未见坦然之勋，若无策以裁之，则非明哲之谓，海内归向之意也，余窃疑焉，请闻其说。答曰：盖闻汤以七十里、文王以百里之地而有天下，皆用征伐而定之。揖让而登王位者，惟舜、禹而已。今蜀、魏为敌战之国，势不俱王，自操、备时，强弱县殊，而备犹出兵阳平，禽夏侯渊。羽围襄阳，将降曹仁，生获于禁，当时北边大小忧惧，孟德身出南阳，乐进、徐晃等为救，围不即解，故蒋子通言彼时有徙许渡河之计，会国家袭取南郡，羽乃解军。玄德与操，智力多少，士众众寡，用兵行军之道，不可同年而语，犹能暂以取胜，是时又无大吴掎角之势也。今仲达之才，减於孔明，当时之势，异於曩日，玄德尚与抗衡，孔明何以不可出军而图敌邪？昔乐毅以弱燕之众，兼从五国之兵，长驱强齐，下七十余城。今蜀汉之卒，不少燕军，君臣之接，信於乐毅，加以国家为脣齿之援，东西相应，首尾如蛇，形势重大，不比於五国之兵也，何惮於彼而不可哉？夫兵以奇胜，制敌以智，土地广狭，人马多少，未可偏恃也。余观彼治国之体，当时既肃整，遗教在后，及其辞意恳切，陈进取之图，忠谋謇謇，义形於主，虽古之管、晏，何以加之乎？

蜀记曰：晋永兴中，镇南将军刘弘至隆中，观亮故宅，立碣表闾，命太傅掾犍为李兴为文曰："天子命我，于沔之阳，听鼓鼙而永思，庶先哲之遗光，登隆山以远望，轼诸葛之故乡。盖神物应机，大器无方，通人靡滞，大德不常。故谷风发而驺虞啸，云雷升而潜鳞骧；挚解褐於三聘，尼得招而褰裳，管豹变於受命，贡感激以回庄，异徐生之摘宝，释卧龙於深藏，伟刘氏之倾盖，嘉吾子之周行。夫有知己之主，则有竭命之良，固所以三分我汉鼎，跨带我边荒，抗衡我北面，驰骋我魏疆者也。英哉吾子，独含天灵。岂神之祇，岂人之精？何思之深，何德之清！异世通梦，恨不同生。推子八陈，不在孙、吴，木牛之奇，则非般模，神弩之功，一何

微妙！千井齐甃，又何秘要！昔在颠、夭，有名无迹，孰若吾侪，良筹妙画？臧文既没，以言见称，又未若子，言行并徵。夷吾反坫，乐毅不终，奚比於尔，明哲守冲。临终受寄，让过许由，负扆莅事，民言不流。刑中於郑，教美於鲁，蜀民知耻，河、渭安堵。匪皋则伊，宁彼管、晏，岂徒圣宣，慷慨屡叹！昔尔之隐，卜惟此宅，仁智所处，能无规廓。日居月诸，时殒其夕，谁能不殁，贵有遗格。惟子之勋，移风来世，咏歌余典，懦夫将厉。遐哉邈矣，厥规卓矣，凡若吾子，难可究已。畴昔之乖，万里殊涂；今我来思，觌尔故墟。汉高归魂於丰、沛，太公五世而反周，想罔两以仿佛，冀影响之有余。魂而有灵，岂其识诸！”

王隐晋书云：李兴，密之子；一名安。

后记

很小的时候，知道有一种灯叫做孔明灯，是可以飞上天空的，特别神奇。大人告诉我说是诸葛亮发明的。后来从书上又知道了“借东风”、“空城计”、“草船借箭”、“火烧藤甲兵”等等故事，都是关于诸葛亮的。在我的内心深处一直感觉这是一位神人，他永远穿着八卦仙衣，手里拿着羽毛扇，表情永远不温不火，似笑非笑，挥一挥手就可以令风云变色。

很清楚地记得，《百家讲坛》的李锋老师是在 2009 年初冬的时候找到我的。那一天我刚下课，正在北邮宏福校区空空荡荡的操场上行走，风吹着干枯的树叶，草间还有残雪。我通过手机和李老师商讨了很多选题的方案，比如水浒、隋唐、东汉。但是那次没有想到诸葛亮。

第一次拍小片是在北邮南门的茶馆里。那天喝的是普洱茶，我讲的是《穆桂英大破天门阵》。讲得很投入，口干舌燥的，放凉了的普洱茶喝在嘴里苦苦的，还是没有想到诸葛亮。

真正实拍是 2009 年冬天的一个傍晚，第一次站在《百家讲坛》的录制现场，特别喜欢那个蓝色的背景，一口气非常娴熟地把自己准备的内容（讲的是“隋文帝杨坚”）都讲完了，心里很满足。记得拍完片子出来，已经是华灯初上，地上铺着厚厚的积雪。我裹紧了围巾在雪中深一脚浅一脚地走着。头脑中唯一的念头就是赶紧回去喝点热水睡上一觉。那时候，依旧没有想到会讲诸葛亮。

为什么没想到讲诸葛亮呢？有三个原因。首先是太敬畏这个题目了。有种“井蛙不敢讲海，夏虫不敢语冰”的感觉，怕自己驾驭不好，怕自己辜负了这个题目。

其次是人们太熟悉三国了，太喜欢三国了。举目望去，写三国的书如群山连绵，讲三国的老师如群星闪耀。其中，有说评书的袁阔成老师、单田芳老师、连丽如老师，有讲历史的易中天老师。他们已经把三国说绝了，讲透了。在这个领域中，自己很难再有新的突破。

第三，也是最重要的，诸葛亮这个题材本身包含着一个巨大的矛盾冲突。《三国演义》中有一位诸葛亮，《三国志》中又有一位诸葛亮。而且两个诸葛亮是存在较大反差的。两个诸葛亮，到底讲哪个？在《三国演义》和《三国志》之间，到底如何取舍？真实的不让人相信，人们相信的又不真实。太难了。

讲《三国演义》中的诸葛亮吧，人物故事倒是能和老百姓的认知、大众的传播接轨，但是演义是小说，是虚构的。根据小说讲历史人物，这种做法一不严肃，二不科学，三还会贻笑大方。

讲《三国志》中的诸葛亮吧，倒是严谨真实，有历史根据，但是又离大众的期待、老百姓的认同比较远，降低了吸引力，弄不好还会得罪观众，让人民群众不开心，那结果要比让专家不开心更惨。

由于存在以上三座“大山”，所以，我压根就没往讲诸葛亮那方面去想。

庚寅年（2010 年）春节过后，讲诸葛亮的想法才真正摆上桌面。真的要感谢《百家讲坛》的制片、编导诸位老师对我的信任和指点，经过若干次交流协商、头脑风暴之后，我终于树立了“明知山有虎，偏向虎山行”的决心。

电视讲述不同于写书，必须要熟练熟练再熟练。只有在充分准备的基础上，才有可能自如发挥。最关键的是合理分配注意力，一部分在内容上，一部分在讲述的表现形式上（也就是身体语言），还有一部分要分给现场（如观众、编导等因素）。我个人觉得，电视讲座，按照 6∶3∶1 这样的比例分配注意力是比较好的。6 分注意内容，3 分注意形式，1 分注意现场反馈。

如果内容十分熟练，那么注意力分配就会比较均衡。如果内容只是较为熟练，那么，这个比例就要打折扣，可能就会把更多的注意力放在内容上，表现形式和现场效果都会照顾不到。这样做出来的东西，瑕疵就会比较多。电视媒体讲座是近距离、放大甚至有点夸张的讲座，必须保证有四成的注意力放在身体语言表现和现场效果上。这样节目播出来效果才好。

这也是我坚持过度准备，熟悉再熟悉，熟练再熟练的原因所在。

我的具体方法是“数豆法”。在一个小茶杯里放一把黄豆，讲一遍，拿一颗出来，再讲一遍，再拿一颗出来。直到把豆子拿空了，才算准备成熟。（后来这些千锤百炼的黄豆，在讲座结束以后被我种在花盆里，它们居然长势喜人，开出了淡紫和洁白的花，还结了新的黄豆！）

在讲前四讲的时候，我基本达到了自己的熟练标准。但是其他讲就很遗憾，没有达到这个标准。出差、讲课、考试、判作业、指导论文、准备 PPT，各种各样的杂事一个接一个。以至于第六讲和第七讲只能是在从新疆到河南的出差路上、在酒店里通宵准备出来。到后来，自己本来平稳的心变得非常焦虑，并且特别喜欢后半夜。因为后半夜所有的人都睡了，没有人来找，也不用惦记那些该做而没做的事情，这样自己就可以安心准备了！不过问题就是过了半夜两点，困倦如同潮水一般排山倒海地扑过来，怎么抑制也抑制不住。有时候对着电脑一瞬间就睡着了。有时候很盼着自己失眠，可是偏偏一闭上眼睛就睡着，睡得又快又香。这个也挺受打击的。

这样就造成了一个遗憾，后几讲的表现不如前边的充分。

语言的准备就像是揉面做馒头，只有揉得够了遍数，面才光滑劲道有嚼劲儿。我最后那几个“馒头”，揉得遍数差了几遍。这个带来的直接结果将来大家在电视上能看到，尽管也很熟练，讲得也很流畅，但是，在表现力和现场控制上，没有留出足够多的注意力，导致整个呈现方式上显得有点“躁”，表情和语气有很多不到位或者过火的地方。

《向诸葛亮借智慧》从开始准备选题到拍摄制作完成，整个过程横跨了2010年。现在回想起这段艰苦的时光，依旧能清晰地感觉到当时的痛苦和纠结。

不过此时此刻，写后记的我正坐在一个朝南的沙发上，日历牌已经翻到了2010年的最后一天，我的眼前蓝天如洗，阳光纯净，玻璃杯里菊花茶的热气在阳光里袅袅升腾，牵着我的思绪飞扬飘荡。

真的，内心深处有一种登上山头以后，回看来时崎岖山路的快感。

紧张之后的轻松才是真正的轻松！《百家讲坛》录制现场旁边的大厦叫“中土大厦”——总觉得和“东土大唐”有某种联系，希望我这次也算是经历九九八十一难，修成正果吧！

过去的2010年，真的是难忘的一年！我会一直记住它。

赵玉平

2010年12月31日